清代州縣四種

清代州縣四種 / 蔡申之等著. --再版. --
臺北市：文史哲, 民 105.05
面； 公分.
ISBN 978-957-547-608-3（平裝）

清代州縣四種

著　者：蔡　申　之　等
出版者：文　史　哲　出　版　社
http:// www.lapen.com.tw
e-mail：lapen@ms74.hinet.net
lapentw@gmail..com
登記證字號：行政院新聞局版臺業字五三三七號
發行人：彭　正　雄
發行所：文　史　哲　出　版　社
印刷者：文　史　哲　出　版　社
臺北市羅斯福路一段七十二巷四號
郵政劃撥帳號：一六一八〇一七五
電話886-2-23511028・傳真886-2-23965656

定價新臺幣三〇〇元

二〇一六年（民一〇五）五月再版

ISBN 978-957-547-608-3　　61004

清代州縣四種

目次

清代州縣故事

蔡申之

（一）

前言

清代州縣衙署之組織。有吏戶禮兵刑工六房。快壯皂三班。三班隸役充之。六房則胥吏充之。各有職掌。顧名思義。可得而知也。此外有幕客。為牧令所延聘。以理刑名錢穀徵比掛號書啟之務者也。其中以刑名錢穀動係考成。責任最重。而賦役繁劇之地。漏催捺閣。及大頭小尾諸弊。實皆徵此核之。書啟雖為小道。非典雅穩洽。亦足貽笑招尤。若是者以硯為田。合則留。不合則去。不受拘束。事最清高。顧不可與胥役同日語也。若夫司閽簽押稿案用印掛號跟班辦差管倉之役。以供驅使奔走。則多界之於家人奴子。昔所謂長隨者是矣。汪輝祖學治臆說云。「宅門內用事者。司閽曰門上。司印曰簽押。司庖曰管房。宅門外則倉有司倉。驛有辦差。皆重任也。跟班一項。在署待左右。出門供使令。介乎內外之間。惟此一役。須以少壯為之。司閽非老成親信者不可。其任有稽察家人出入之責。不止傳宣命令而已。心術不正。將內有所發而寢閣。外有所投而留難。攬權婪贓。無所不為。其後必至勾通司印。伺隙舞弊。此二處官之聲名繫之。身家亦繫之。管廚辦差。則有浮冒尅扣才弊。管倉則有盜賣虛收之弊。皆虧累所由基也。」何耿繩學治一得編云。「分派家人執事。要各因其才。用違其才。必至僨事。門印為最要。非明白人不可。擇誠實曉事者。經手稿案文移等件。」又云。「在門上者。管理會客。或杳監獄押犯等事。在印上者。幫同簽押用印。」考厥職司。亦甚重要。顧以其流品之賤。地位之卑。恆為士君子所不齒。然其能為主人倚畀。引為臂指。以餬其口。以贍其家。甚且供聲色之娛。揮霍之費。當亦有道。以自樹立。局外人不易知也。世易時移。更成陳蹟。欲求有統系之紀載。殊不易得。況研史者。既求之於縱。復欲求之於橫。縲橫俱得。真象乃見。此為今日學者所共認。而亟為努力者也。予嘗遊白山黑水之間。於船廠識豐潤張叟。年七十餘。老矣。身肥短多膂力。目烱烱有光。矍鑠如壯年。善飲酒。酒酣暢言少年事不自諱。客館無聊。呼與共語。自言幼以孤貧逃荒關外。為州縣厮役。並言有長隨論。不知誰氏作。皆個中人辨事祕訣。用以為衣鉢者也。嘗借觀抄本。辭殊鄙俚。所紀亦瑣碎不耐讀。因置諸行篋中。此二十年前事也。歸里後。復於燕市冷攤上。得一抄本。與張本校對。大體同而詳略不一。各紀心得。知非出於一手。嗣又於廠肆得各行事件及公門要略門務摘要交代祕訣政餘雜記等舊抄本數冊。則分門別類。較長隨論為詳。皆無著者姓名。但其為個中人語無疑。反復觀玩。如燃犀照渚情狀悉見。昔日恨不易得者。竟得數本之多。不易知者。而今豁然矣。因思此種珍祕材料。聽其散失。豈不可惜。爰為整理。訂其魚豕之謬。事不厭於煩瑣。辭不責其鄙俚。

以存廬山真面。借各行事件為綱。以公門要略長隨論等附之。並為觸類徵引。以求暢發。至其搜刮之法。希寵之方。雖在筆墨以外。然得此亦可以窺見一斑。因敘而論之如此。嗟嗟。世變滄桑。故交零落。每一回首。不禁悽然。於此稿之成。又有無窮之感矣。倘讀者終今日之縣政而詳求之。何者改良。何者進步。何者仍舊。何者已非。而思有以糾正之。於社會人心。地方政治。或不無小補焉。

錢漕

凡官初到任。必先回明官早幾日派出朋友執事單子。方好各執其事。（各行事件。下同）

回官早幾日派朋友送貼紅告示及書差紅諭至署。告知書差前去迎接新官。着差役打掃衙門。另外預備公館。官一到寓公館或一直進署。務必皆要請示。

按古者告下之詞。皆謂之諭。左傳周天子告諭諸侯。漢書漢高帝入關告諭。是也。後世出自皇帝曰上諭。臣下之告其屬亦曰諭。諭之種類甚多。告示即諭體之一。內而各部堂官有堂諭。至府廳州縣則有諭帖。清代告示之體。與今之布告同。只開端將官銜列於前。如某府某縣正堂某（但書姓）為曉諭事云云。其後年月前。於正文後。另一行下方。加「右仰通知」或「右諭通知」四字。於年月後另行齊印之上端大書告示二字。下端書實貼某處字樣。並以硃筆標判耳。紅告示及紅諭以紅紙書之。取吉利之意。新到官者用之。茲據宦鄉要則及清人全寶廉所為之公文式。舉紅諭之式如左。

新任某府某縣正堂某姓為公務事。照得本縣擇於某月某日出京。由某路上任。迎接書吏各役俱在某處伺候。不許遠迎。上任日期另行知會。來役不得僱替。執事務要嚴明。衙門應各修整。必須清潔。勿許泰侈。六房科職掌事宜須知冊。各房吏先行賚投查閱。毋得違錯取究。須至諭者。

右諭六房書吏准此

某年某月某日行。　限接臨日繳。

又牌式

新任某省某府某顯某姓為公務事。照得本縣探於某月某日某時上任。應用夫馬。合先遺牌知會。為此仰役前去。着落兵房各該吏書照依開後夫馬轎兵各數。一一遵行。毋得遠誤取究。須至票者。

計開

大轎幾乘　中轎幾乘　小轎幾乘　坐馬幾匹　棕套幾件

其餘鋪兵吹手傘夫皂隸執事各役等項。仍依舊例俱於某處伺候

右仰兵房書吏准此

某年某月某日行

定限上任日繳

外省文官。六品以上張紅繖。七品以下均藍繖。其餘儀仗。亦不

盡合。不知始於何時。按會典知府同府倅藍繖。青扇各一。銅棍皮翹各二。肅靜牌二。青旗四。知州知縣皆同。縣佐藍繖一。銅棍二。教職藍繖一。雜職竹板二。又輿夫司道以下至教職輿夫四。雜職乘馬。今則雜職亦乘輿。相沿已久矣。（谷華軒雜誌）

凡在京銓放者。即應於途中先發書役諭帖。名曰一掌經。如在省候補人員。或委或署或補各外缺者？毋論遠近。亦應預備。發諭後訂有接印日期。再著人持貼紅示。倘委接印代理者。紅示紅諭不必用也。（公門要略）

頭接書役呈有須知事宜冊結。須要細詢問明白。記其大略情形。要問本城民土風俗。前任向來辦法。（同前）

官到時候。喚禮房送儀注單子。進署接印。先拜儀門。（大門之內為儀門。取有儀可象也。）令禮房差役預備三牲祭禮。要問向來章程如何辦理。總宜照舊。

喚禮房備辦燈綵對子。

喚工房備辦床鋪桌椅箱架等項。

喚戶糧官吏兩房備辦公案印墊印盒印架。

喚戶糧房預備下馬宴。並令備辦三日公應酒席。

新官入境。應暫擇公廨或寺宇停泊。著落兵吏整齊祇候。禮吏開具上任參謁祭拜各禮先後。以便次第舉行。先一日清晨。首領官率領各房吏典并各屬官生員人等。迎接入城。至城隍廟宰牲所齋宿。次早行祭。祭時止用便服。或用祭服亦可。獻爵讀祝皆行跪禮。禮畢進縣。祭儀門。更衣向北闕拜。送禮生下月臺之左即公座。排衙畢畫印。先主簿。後縣丞。後正堂。俱要拱手舉筆畫卯。六房吏畫夘押完。於簿上大判一日字。然後典吏相見。行跪禮。即下公座答僚相揖。隨押公文。檢點各項畢。將所發牲酒。與官酬酢。成禮而退。散堂進衙。隨祭土地畢。即隨開印。時用禮書唱贊。行四拜禮。佐貳備果盒酒。公堂拜賀。（宦鄉要則）

接印時即諭禮房照常預備香案等件。先登儀門。行一跪三叩首。

再陞暖閣。傳頭二三梆。打點一下。陞座大堂。望北闕拜印。行三跪九叩首。陞座。司印者將印信驗明。有無痕跡。再看印柄為要。（公門要略）

俗吏多以到任為榮。而奸胥喜以鋪張為事。衙門則必為修飾。轎傘則必另製新鮮。甚至氈綵圍屏。務求華麗。桌几燈燭。不厭碎煩。在長官釋褐方新。揚揚入署。視為衙門舊例。快意當前。而不知派累行戶。苛斂里民。追呼悉索。已費中人之產矣。其實備辦供官者。不過十之二三。而侵蝕分肥者。已十之八九。是民為魚肉。官為唇齒。恣意大嚼。乃供群蠹之飽。（欽頒州縣事宜）

官到時。速傳糧房查問錢漕糧米地丁屯糧漁租雜稅若干。前任已徵若干。已解若干。務要查明批廻。令他開出清單查核。

凡糧務先令糧總書或各櫃書暨庫房。問明年額應徵丁耗雜稅及民屯銀米穀石各若干。經前任已徵何年何項銀米若于。實在民欠若干。逐年分晰。開單送查。以便接徵。並令各櫃書出具實欠在民並無預徵侵蝕情弊切結備案。再令庫房書查明前任徵解何年丁耗。何款雜稅。得銀若干。曾否獲回照。分項逐一開單送查。併令造送支給款目簿一本。以備稽查。（長隨論）

令戶房呈送賦役全書一部。並每年應徵兵米地丁錢漕額數。開明清冊二本。一送官閱。一存自己看。再令賬房細看。查逐年解過錢糧若干。批迴庫收照稟查驗。是否齊全。銀數年月日印上有無挖補洗改痕跡。（公門要略）

新官到任。交代乃是一件要務。溯本窮源。以清各款。一切錢糧。悉載賦役全書。考之無難。惟恐全書未載。或奉文加派。或發追銀兩。或清出田地。如此者則調各款原行卷宗細查便知。交代盤查。先閱賦役全書。全書乃歷年徵解之定額。再閱司須冊。乃每年起解存留之定額也。再閱須知冊。乃現在完欠之簡明大略也。其現在之數。須調總目日報流水串根而核之。起解銷支之數。吊批迴領卷起解底稿而閱之。所有稽查之法。先取全書并司須確冊。

將解司庫地丁。併存留俸工驛站雜支各款。閱其總冊。即知闔縣應支應解應犧之數。後吊各壓任交代上年奏銷冊。一一比對。如錢糧數目若干。未徵若干。已解若于・未完若于。存庫若干。內庫若于。現存若干。放出若于。記明在心。倉內亦然。倘遇上司問起。已有准備回答。（門務摘要）

清查之法。如地丁錢糧。則應查其全書額編實徵銀數。按前官到任離任月日。任內徵收過若干。解支過各若干。應存庫銀若干。未完民欠若干。分年分款。先清其綱領。將應存庫銀。即按款照數兌交。其徵收數目。又必驗其串根流水。覈其日報總目。而串根流水報簿。尚有假捏改造。截多報少之弊。其解支款項。又必照驗其批廻。稽查其領狀。而領狀批廻。尚有洗補年月。改換銀數之弊。均當細察。然有批領未交。而前官稱係借過某項。支過某項者。則當詳明所解衙門。查明所領員役。果非虛捏。方可憑信。至於民欠清釐尤難。官侵吏蝕。參暗藏於援欠之中。新任之員。第知責成於經管錢糧之總吏庫吏經承櫃書。取其並無捏欠願甘賠補之結狀。不知此輩或受前官賄囑。或係己身侵蝕。通同詢隱。彼此歡瞞。結狀視為具文。是在責令經承櫃書開造花名細冊。先查某年民欠總數。次查某里某甲民欠細數。然後將花戶姓名欠銀數目。大張告示。曉諭通知。有以完作欠。以少作多。令本戶告理。更須出其不意。摘拘完納。查詢虛實。一有弊端。即窮究到底。官侵則據實揭報。吏蝕則立即監追。務使戶戶無虛。鑿鑿著實。（欽須州縣事宜）

羨耗隨同地糧解司奏報。如遇災蠲。正耗並免。恩蠲免正不免耗。交代之時。須夾總報及流水等。如前任己徵未報。未解司庫。而奉恩蠲免災免。向例無論糧租。詳辦註明。作為次年應完之項。名曰「花戶長完」。此宗銀兩。必須新任歸舊任。近來多與舊任均分。亦或四六分。倘舊任均執不從。即同監交列入義款。作為歷任無著虧空之抵補。如無虧空。作為脩資。亦無不可。臨時隨機

定奪。至於州縣地糧。每糧徵收耗羨數目。並非一律。有每兩徵一淺者。亦有每兩犧一錢幾分者。詢諸該管便知。（直省交代總要）

徵收銀米。例用板串。各櫃書遵照內編字號。分年填上號數。送署內用印。不許留空。致有通融移甲徵乙之弊。每月串板執照。任意糢糊。奸胥另行木戳蓋印。以致有大頭小尾之弊。更有糧書素與殷實大戶交好。減價預收糧銀。糧書先給收字為據。其銀串緩期付執。糧書即將該戶串票銀數分散。多折張數收存。遇有小戶完糧。糧書即將折好串票。查其銀數相符者。更改戶名或年分。通挪侵用。大戶收執糧書收據。無串安業。小戶收執改名串票。照實徵冊內并未扣銷。混稱民欠。迨至摘戶籤催。小戶將改名串票呈驗。糧書捏稱失銷為詞。此為張冠李戴。（長隨論）

凡各櫃書。請送串票。必須內外均登年分字號數本。以備核對。則有不填年分字號。冀混通融。或於請串簿內本數。小寫「二」

「三」字樣。迨至截取送進串根驗銷。將請送串簿內改少。請本「二」字改作「壹」字。「三」字改作「貳」字。請多報少。以致有私串侵收銀米。此弊破獲甚多。須宜防之。（長隨論）

交盤原有定例。如各府州縣印官。凡遇降革病故休致終養等項。既經離任。則任內未清錢糧。官雖易而吏則一。一是侵挪。何難清查。茲訪得湖南緣事各官。名雖離任。或羈滯在各該地方。或流寓於省會客舍。經年累月。交代不清。蓋緣接任正署新官因交代陋規不能如願。故意留難。不出冊結。亦有上司經管吏胥勒索未遂。混行翻駁。甚至有等上司官。以平日之趨承不到。今日之禮節甚微。輾轉移查。擱案緩詳。此在降革等官已屬難堪。一經病故。家口羈滯。旅櫬難歸者。更不知作何情狀。更有一種恣縱無忌之徒。或舊項可完。故留尾欠。或前已清楚。託故稽延。自以已破之甑。罔知愛鼎。把持請託。無所不至。殊可痛恨。（趙恭毅公賸稿通晝交盤以消積弊檄）

一問每年可有多少稅契。現在有無瞞稅者。問明詳敘。回官出示嚴禁瞞稅。

查前任現在契尾存餘有若干。

市易田宅。既立文券。必投驗官府輸納稅錢。給以印憑。謂之稅契。此起於東晉時。（清人公文緣起）

一喚倉房。查問平常社倉積穀額數若干。現存倉中若干。查明斗級甘結。前官有無虧欠穀項。問現存何處。務要開呈清單。

按常平倉始於漢代宣帝時。穀賤時增價而糴。貴時減價而糶。社倉始於隋文帝時。令諸州及百姓及軍入勸課。當社共立義倉。收穫之日。所得勸課出粟及麥。於當社造倉窖貯之。若時或不熟。當社有饑饉者。即以此穀賑給。

倉穀各石出入。先須詳明。不許違例擅動。近則不然。有將穀石任意食用。或平糶之時。乘此多糶。照部價每倉石一兩二錢。穀則減半移交。或乘時將淨米取去。以一米二穀移交。此等情弊。

勢所不免。須查明酌辦。糶存價值。暨平糶餘米價銀。亦應查入交代可也。（直省交代祕要）

從前州縣。多用量倉之法。用杆丈量。約略算交。其中有虧缺霉爛。不能確知。今倉糧交盤。已按米穀之多寡。定期限之遲速。自當徹底盤查。如有虧空短少霉爛糠粃。即據實褐報。其有前官私糶未補折價留交者。斷不可違例接收。至奉文平糶。須夾其實在糶賣之數。催交價銀貯庫。惟民借一項。其弊多端。有本係虧空。乘奉文出借。以少報多。捏混掩飾者。有遠年民欠。改換領狀。以舊作新者。有奸胥蠹役侵收冒領。混入民欠者。必須詳細查察。開造花名細冊。另取欠戶領狀。以栓諸弊。（欽頒州縣事宜）

存倉米穀。惟黴變者不可收受。倉穀底面配搭。每石碾米五斗。即屬合例。其餘米色稍陳。或灰上稍多。可以代為設法。糶借易新者。亦當接收。不可勒令風颺。明講折扣。（清萬楓江幕學舉

要）

各項皆易確覈。惟民欠錢糧。有無官役侵蝕。難於查考。以流水堂簿總數。合對奏冊。略知大概。又有問出欠數。令里長催頭查明出結者。亦有令經承出總結存查者。須量地方之繁簡酌辦。（同前）

一問戶糧房此地有無請帖承充牙行。雜稅額規每年徵收若干。此地有無領帖承充者。並問鹽店當規若干。

按牙即駔儈之稱也。本謂之互。即主互易市物者也。唐時謂之牙子。宋時謂之牙人。其設立行號者。謂之牙行。業此者官給印紙。謂之牙帖。請帖者向家人吏役於正項外恆另送使費。以免刁難。亦陋規中之一種也。

雜稅指鹽牙房地麵煤窰鐵騾驢豬羊等稅而言。各牙在司請牙帖充當。每年完納稅銀。解貯司庫。作兵餉差案經費。（直省交代祕要）

一問戶糧庫房經承。前官簽點銀匠何人。如不妥送禮規。可回官另點別人。

徵糧之有耗羨。由來已久。雖多寡不等。而從前各官之辦理公事。養贍家口。悉皆取給於此。皇上體恤臣工。愛養百姓。先准原任山西撫臣諾敏之議。酌提耗羨解司。以充本處地方公務。及各官養廉之用。（欽頒州縣事宜）

花戶納銀。尚有銀匠。勒令打印。多索火錢。銀桌減估銀色。多壓戥頭。櫃書有吊封抵盜剪邊換槐諸弊。（同前）

州縣各官。或因起解錢糧。尚有零費。或因用度不節。支給未敷。雖不敢公然額外加耗。竟有設立銀匠數人。名為官匠。耑司傾銷打戳。將民間完糧之銀。苛折成色。勒索火錢。各二三分不等。迨至發傾元寶之時。則每百兩暗扣二三兩。令銀匠添補。是出名者在匠。而巧取者實在官矣。況民間完糧。定例自封投櫃。果有青潮短少。不難發出原封。令本戶驗明照補。即恐成色稍有不足。

傾銷便至缺數。亦當於通縣銀匠各給名字戳記。聽從民便。赴店傾鎔。額定每兩火炭工錢三五文。不許多索。仍於起解時查明各匠經手名戳。足數發銷。毋得從中扣剋。則官匠不能借名賠補。而勒索於民。知縣亦不得指稱青潮。而巧取於匠。（同前）

一問戶糧房有無民欠。有民欠即回官出票催追。

州縣徵糧之法。各處不同。有用差役分里坐催者。有用里書甲總歷年不換者。有用花戶為催頭。責令聽比者。名難悉數。法皆不善。如農村鄉民。素未入城見官。一點催頭。則茫然無措。而衙門人役欺其愚懦。恣意苛索。鄉民視應催頭為畏途。百計營免。書役視催頭為利藪。擇肥而噬。此用催頭之弊也。共坐差里書甲總。派定里分。竟同世業。經承收役。狼狽為奸。凡造冊聽比。俱有陋規。經承收役取之於坐差里書甲總。坐差里書甲總又取之於花戶。非計畝津貼。即斂麥斂秋。毋論用一派十。層層剝削。而小民只此脂膏。多用一分浮費。即少完一分正供。況若輩既得陋規。自不肯破面力催。非膿混免比。即倩偏代責。否或以愚懦之戶。串拏塞責。甚者包攬侵蝕。飛灑加派。無弊不作。一至水落石出。脫身潛逃。又累本戶重完。是百姓受點催頭之累如彼。受坐差等之累又如此。（欽頒州縣事宜）

民間田地。每圖向分十甲編徵。從前陋例。設立糧長現年名色。即於里戶內按年輪充。其初不過糧長管催米石。現年管催地丁。止於奔走之勞。而後則踵弊相沿。凡一切私派悉於糧現名下催繳。而經承差役巧立規禮。分門別類。百般苛索。不但代受比責。亦且費用資財。甚至地方相驗。人命踏勘。公務往來供應。悉取給於現年。常有輪當之時。賣田鬻產。尚然不足者。歷經題明禁革，而錮弊牢不可破。因各州縣中間。有附近江河。逐年坍沒。或偶遇山溪水發。石壓沙淤。以及逃亡積荒。無微糧額。皆責令現年包賠。若使遵照革除。則前項錢糧。即歸無著。是以雖有才能之吏。亦多陽奉陰違。（同前）

錢穀之重者在徵收。平時既不設法勸催。臨此又不清釐完欠。分別勤惰。懲一儆百。上堂毫無頭緒。徒聽經蠹指揮。應比盈庭。無非僱倩。終宵朴資。總係虛名。甚有一身包攬幾圖。輪流受責皆此一人。面貌尚不能辨。適為皂隸及代杖之人作一生涯。而小民多出一分應卯僱打之錢。即少完一分正供。勞民傷財。徒自苦耳。（同前）

拖欠錢糧。半在頑戶觀望。半在糧頭保歇人等包攬侵欺。頑戶猶易催。而糧頭人等之弊難革。蓋花戶零星鶩遠。州縣都有沓比糧頭。而花戶不之問者。老好包納花費。仟催不完。又或僱覺慣受刑杖之人。承認花戶受此搪限。徒費敲扑。國課仍懸。必須剔清舊弊。逾限不完。即拘真正花戶到案。諭令按限自封投櫃。寓撫字於催科。亦在隨時立法而已。夫欠糧之人。共書差使費。積而計之。已與正項等。能使百姓少出一分雜費。自然多完一分正供。（清萬楓江幕學舉要）

初任牧令。除人命盜賊。錢糧頑戶。逃犯賭博。一切事關地方者。自應照常差役。著落查捕。不可稍有縱延外。至於無事之時。斷不可聽共借名慫恿。輕差下鄉。蓋此輩城狐社鼠。假威以逞。其視村農猶魚肉也。一旦奉差赴鄉。聲焰俱赫。里巷婦子。畏之如蛇蝎。而且指東話西。大言恐嚇。飽啖雞輪。勤索錢文。稍拂其意。輒咆哮詈辱。莫敢誰何。小民但期無事。惟有吞聲受之而已。所以不但無事不可輕差。即有平常需差之處。亦必當面諄諭。務令斂跡奉公。再衙門之弊。尚有買號謀簽者。乞恩賞票者。夫發簽山票。不過奔走之事。乃至於為恩為賞。可謀可買。則差之為利顯然。而差之為害亦顯然也。（欽頒州縣事宜）

一問屯糧兵房有無正副鑲丁軍家務要查明。防備上憲提丁追費。

一申報上憲委員承催。或催漕。催徵。催錢糧。催交代。催稅契。催挪墊。或提費。或提經承銀匠。或踏看水災。或看旱災。或散賑濟撫恤等事文件。呈官判日期。均由簽稿處送。或送錢穀師爺處。或送刑名處閱核。此總出進由簽稿處經過。才免錯誤。

> 申者伸也。有引伸之意。為公牘中之一體。凡用申文。大率應行之事件。已無可疑。不過具文申明而已。申報者原因多起於下。如應行之事。已經成立。而申報之。凡申只有申文一件。其緣由即書於申文面上。不周副本。普通用毛邊摺紙。分六行繕寫。遇有敘述上憲須抬頭者。俱用平抬。若上諭聖訓皇仁等字樣。則用雙抬。其文開端須敘發文之官府名稱。如某府某縣為申報事云云。其後以須至申者結。其封筒正面上方。左書右申二字。右書某官某姓。須排齊。下方中間封口處。書某府某縣謹封。背面書年月日呈。於年月上用印。更於印之四角。書內申照驗四小字。（清同寶廉公文式）

凡送官核批。送師爺核批。核畢由簽稿送至門房。然後發出經承擬稿。書辦又送門房。門房送簽稿後。又送至錢穀師爺處核正。錢穀送簽稿。簽稿送至內簽押房呈官畫行。畫行畢。由簽稿送至門房。門房將稿發出房經承送簽票。經承將簽票送至門房。後伊送簽稿處。簽稿送至用印處。用印畢仍送簽稿。然後送至標判師爺處。標判畢仍送簽稿。掛號封過。即送門房。門房務要過細看明。有無錯漏。看明再行發房開倉。預先籌畫隨漕解疑要緊。免其臨時掣肘。更恐領解之時不發。

徵解要識緩急。地糧為急。官租次之。雜項又次之。地糧之中。大戶為急。中戶小戶又次之。地糧項下。起運急於存留。起運之中。又以河工兵餉為急。須查往例應解若干項。於某時起解。做而行之。自無錯誤。（萬楓江幕學舉要）

一遇比較之日。必得早晨傳戶糧房送比簿比差。即令傳齊管頭總頭差役。催追欠數。午間傳齊站班人等。如有欠差。實意下不去者。喊伺候。如齊者請官坐堂。

徵比總要以流水比銷。以及串報數日。均屬相符。即蓋用戳記。隨來隨辦。按時發出。比較之法。總於某圖差名下。每夘應額徵若干。如本夘只收若干。核計不及幾分者。即應提比。按民欠數目之多寡。計怠催欠數之輕重。如徵催不及幾分者。即應比若干板。於該圖差名下。即蓋紅圈幾個。每圈一個。或責五板。或十板。比較足。即照上紅圈而行。此徵比之章程也。（公門要略）

平日錢糧櫃上。徵收之錢。簽差下鄉。追收之錢。必嚴令每日繳進。錢糧地丁屯糧漁租隨漕雜疑等額徵多少。而上下兩忙批解。（地丁於春秋兩季徵收。春季曰上忙。秋季曰下忙。）必須要戶糧房開一清單摺。安放辦公之處。平常至錢穀處商敘報解者。總宜喚經承同去商敘。

攤捐款中有急須批解者。或解一季。或解半年。另簿存記。如屬可緩。且可不解。倘奉文催。或先申復即日籌款批解亦可。斷不可動正項而解捐款。緣正項有虧。分釐均干參處。捐款欠解。尚無妨礙。

一有報解者即斟酌可靠之差。備文批解。務須驗明印花。封釘銀桶。並要叮囑去役守候回批。乃要緊之案件。必須發戶糧房粘卷存案。

按報解應用申文。所謂申報申解是也。惟申解與申報不同。申解之關係較重。如申解錢糧。申解軍火。申解人犯之類。均須附有批迴。飭交差役。攜帶公文。並批紙投遞上憲。守候持回。以為證明。據公文式舉之如左。

署天津府河防同知為批解事除外今差本役管解後項銀文小心前赴 直隸籌辦自治綜局憲　臺下告投守奉批迴備案須至批者實 計批解 某年某項　銀　兩　錢 公文壹角封 右批差○○○准此 光緒　年　月　日 廳　押

上憲將申解驗收後。於來批前半上面高頭。用墨寫批迴二大字。

再用硃筆於批迴二字上各標一圈。復於年月前空白處。折半面合同申文。如申解督撫。則寫部字號。申解局所。則寫局字號。俱用草書。然後蓋一騎縫印。交還原差攜回。

管解錢糧一事。先將應解各款銀錢。令經承開一清單。以備查考。起解時。在庫兌發銀兩。點明數目。或裝桶鞘。俱要親自過目。沿途早晚查點。驗明桶鞘封條繩索有無鬆動。小心護解。司道衙門兌交。必要熱識。不致喫平色之虧。拆封務必小心。以防零落碎銀。及添平盤底黏貼薄錢等弊。（長隨論）

凡大撥餉銀鞘過境到縣寄庫。即令庫房庫子會同原解差役驗明桶鞘有無鬆動。隨即眼同押解員役。每鞘用秤稱準觔兩。逐件編號登記。著令庫子扛抬。不許人夫扛抬。進庫安放。以防通盜偷竊。是夜移營撥兵。並派民壯馬快防守。次早按鞘點交原解員解。督同兵役護解前途交替明白。守取回照。（長隨論）

一報解切不可延遲。恐上憲委員前來。而官多不便也。凡官到任之先。必得探問前官有無虧欠。總宜私下探問。前官若有虧空。即回官查串封櫃。料妥再行擇日開徵。仍令書差將所徵收之錢。每個依數繳進。免書役扯用。官接印之後。令各房問送書差值日單子。回官定期查倉查庫。

一令兵房開送各班總役頭役散役單子。

補役一項。在各役內最為卑賤。充斯役者。大率皆窮極無聊之輩。比例給工食。為數無多。不足以資養贍。遇有呈報。贓重之案。比則滿杖。忍痛跴緝。間有破獲重大竊案。應行解勘者。向來多係捕役賠貼解費。是捕役為各役中最苦之人。而所辦又係賠貼費用之事。似此利少害多。而欲使之不豢賊分肥。不屬賊誣扳。不唆犯翻供。烏可得耶。賊匪既為捕役所豢養。則捕賊聯為一氣。恣意妄為。無所顧忌。此地方所以報竊頻仍。終鮮破獲也。（清何耿繩學治一得編）

一鄉城富戶請示。門印均有規矩。

一春耕節祭祀。令禮房領銀承辦。

一春季勸農。務須備辦花炮酒葖扇等項賞號。回官標牌定日期下鄉。勸農之洗。如南畝西疇。正當有事。則一叨胥役。不許下鄉。恐追呼妨業。如秉耒執筐。都無暇日。則一切雀角鼠牙。不與聽理。恐牽連失時。如野有荒田。則督其墾鄖。以盡人功。如地鮮水利。則令開講洫。以資灌引。如民多遊手。則力禁賭博。嚴查宵匪。而人皆食力於耕鋤。野有惰農。則禁止社賽。驅逐窩娼。而民皆相安於勤苦。凡此皆所以勸之也。至於春耕秋斂。所謂主伯亞旅者。咸舉趾田間。公務之暇。不時單騎減從。親詣鄉村。問其播種者如何。收穫者如何。獎其勤樸。戒其奢靡。諭省物力於豐收。令儲蓋藏於籽粒。麻麥麻柘之閒。以與父老子弟殷殷相慰勞。俾知長官重念農桑。莫不感激鼓舞。以自盡力於出作。此又勸之以心。而非但勸之以身也。（欽須州縣事宜）

一遇大比之年。而各縣文武生員赴省鄉試。先著禮房號房查明若干名數。回官請示出票調戲班薦舉。喚役搭戲台。紮龍門搭橋等事。內裏預備卷資花紅酒席。並要備辦三報賞號。及加官封子錢價等差。

一問驛書造驛遞馬匹數目單子。

本治共有幾驛。某驛應額設驛馬若干匹。現在行差。有無額缺。轎夫清白夫若干名。有無經制。本治有無額設船隻供給。應何項何路差使。每額應領買馬銀兩若干。麩料銀若干。來差無馬。折價若干。藥材若干。以上每年支給若干。如船隻打造修理。價銀若干。作何支給。各項在何項銀糧開銷。勘合火牌。委員供給若干。外給口糧若干。至到任之期止。各項支過若干。有無透支冒領等弊。細查明白。（公門要略）

一發茶房壯役站夫轎夫工食銀兩。要分四季給發。務要將領狀送至錢穀師爺處批核。或送賬房處批核亦可。

領狀即領紙。用以領取錢物者也。又謂之墨領。以狀上不蓋用官印。只用戳記。俗亦謂領子。領紙之轉音也。

一發營兵米。總應按月給發。務要備辦米票。亦令兵房備文移營。

一發養濟院及孤貧之口糧銀兩。要查明額數若干。此項按季給發。其領狀或送錢穀師爺處批明若干。或送賬房處批核亦可。

一差役工食銀兩。及仵作工食銀兩。吹手鋪司渡船飯食銀兩。亦按季給發。其領狀均送錢穀處批。或送賬房批核。此等項查明向來有折扣否。但各省不同。而領狀送批。如批准方可給發。將領狀發出房粘卷。

一發禁卒更夫工食銀米。總要領狀送批。如批准方可給發。

一發監犯口糧鹽菜等錢。均要按月給領。將領狀送批存案。而此項切莫折扣。若犯人未定罪者。不准給領口糧鹽菜等錢。

一發各廟春秋二季祭祀銀兩。問明每兩折錢若干。門房每串或扣一百二百不等。查問向來自有章程。而領狀送批存照。孔子廟學官辦埋。其餘各廟皆由禮房辦理。

支發各款。如教職捕廳俸銀。生員廩銀。俱按季據領支發。平色須足。至各役工食等項。查照向例發給。但不可按季全發。務多留有餘。以備重案遠差陸續借支之用。緣此項如額外墊發。雖入交代。後任不認也。再捕廳多有因案停俸者。必須查明。倘有冒領。開入支款。後任亦不認也。總之支發各款。不得據領即發。先令該管房查卷送閱。看前任如何支發。照例辦理。自不至有冒領浮支之弊。（清何耿繩學治一得編）

一凡出進銀錢。務要設簿記清。送賬房蓋印用圖章。免後來受其拖累。

賬房為銀錢出人總彙之地。最要綜理得人。第一款項要清。存庫銀錢有簿。提庫批解銀錢有簿。支發俸工有簿。支發一切雜款有簿。至私項出入。亦分類登記。而統入流水。俾總入總出。每日有數。則有餘有虧。按簿可稽矣。管賬人於每日總結後。將賬送官逐項覌看。於總結處戳用圖記發還。倘出入有應商之處。或標籤。或面商。從長核實可也。（學治一得編）

一辦漕各處情形不同。共中關節。一切辦理之法。未便形於紙筆。

須得細察民風。隨機應變。因地制宜。照前任辦理之牌。極為妥協。若想將漕米加增。而不由舊章，難免無事。

一收漕之時。驗米者卻要仔細。全憑乾潔圓淨。如有潮碎沙土夾雜。概不可收。

額徵米石漕白。所以供天庾。南丈秋儲。所以給兵餉。各州縣多者數萬。少亦幾千。盤量收解。原非印官所能親為者。而吏胥之狡黠。與家人常隨之不肖者。往往彼此勾通。朋比作奸。於是有抑勒好米。故為飾搧之弊。有措持不收。守候失時之苦。又有明加斛面。淋尖浮滿之端。並有婪得陋規。濫收不堪之事。至於不肖有司。私派漕規。遂為運弁窺破。借以挾持。往往故意憎嫌米色。措勒兌運。非通同科派以分肥。即彼此詳訐而誤限。（欽頒州縣事宜）審錢漕須要款項明白。稿案律例清楚。俗謂不愁無人恭。只愁事不濟。（公門要略）

書啓

一往來書札。並上下郵字。各要記一號簿。

一所到之郵信。毋論早晚。必得轉郵前途。將郵信存留備查。

一各州縣姓名號行。均要寫一清單。貼于辦公之處。防官問答。

一各上憲官銜品級姓名號行。寫一清單。貼于辦公之處。

設立同官錄一本。俾便查閱。某府某縣下用浮條貼上。如遇官陞調署。亦便更換姓名。（公門要略）

凡抄報到來。須要查看有無陞調之員。即於同官錄內更換清楚。（同前）

一令坐省之朋友。探聽各上憲太太老太爺老太太生日單。

一令號房探聽文武同寅各處生日單。及地方大紳士生日號行。均要寫明。貼于辦公之處。

一寫紅白稟帖五行。夾單書札四行。稽照六行。書啟七行八行均可用。

一寫稟帖須用紅白稟帖。務要寫明事山。

一稟帖批回。定要存留。防備查老。副啟亦用紅白稟封。

一寫上憲夾單紅白稟帖。務要靜心端正。切莫錯落。寫完定要將稿對明。

書曰王言為作命。不言臣下罔攸稟命。稟字之義。蓋源於此。大凡事之與前後有關者多用詳。其用稟者。或詳文有不便言。或不必見之詳文。而乃以稟通之也。（清同寶廉公文式）

稟帖均用五行。夾單用五行或七行均可。字體近喜用稍大者。故不宜太小。（公門要略）

事之先稟而後詳。及隨詳而加稟。或不詳而用稟。或詳後因駁而稟者。多因其事有疑惑未明。或案關重大。不得不分晰以稟也。其體與尋常文稟不司。其詞與詳內看語迴異。如事有可疑者。須從其疑處反覆辨論。俾閱者恍然覺悟而釋疑。事關重大者。必將其根由曲折詳陳無遺。或係現在作何辦理。或俟請示而後遵行也。若識見不到而冒禀。則嚴譴立至。才學不到而成禀。非辭不達意。即因辭而害意耳。至議禀一切。則當因時因地。順乎人情。參諸條例。設身處事。不可徒執己見。擅逞其才。託諸室言，并貽後患也。（辦案要略）

紅白禀以紅禀寫官銜摘事由。以白禀敘事件。謂之紅白禀。凡禀公事用之。由刑錢主稿。書啟不過繕清而已。惟本官到任通報。用紅白禀。多由書啟起稿。紅禀摘事由。第一行寫官銜。第二行寫某事由。平官銜起一格一字。如有長頭一行平寫。第二行低一格。如有憲札字樣。第二行比頭行高一格寫。其用紅禀摘由者。以候上司批回故也。（宦鄉要則）

紅白禀總要有一行到底。多更妙。除起頭禀字之外。一字不得成行。一行不得成張。大人老爺字樣。不得寫在邊上。且不得三四重見。夾單亦然。禀帖首柬大人老爺字樣。宜居中。次柬亦然。

自官銜起。至請安止。或三十行。三十五行。二十行。二十五行。方覺好看。稟文尾謄寫年月日。照開首官銜一樣。低三格。寫年月日總在下版居中。如稟文已寫過下版一行。即從第二頁下版寫。光緒字起。至月字止。一格一字。日字從下數上空出五格。初一日字樣。寫在當中。（同前）

用手本照常寫官銜。用單帖敘事。夾入手本第一幅內。謂之夾單稟。如州縣與府廳。佐雜與州縣。除親臨上司或舊上司用雙紅稟外。無論年節升遷等事用此式。或親臨上司有謙光者。以紅全夾單覆賀年節。屬下繳帖。亦用手本夾單。又有用夾單稟公事者。以其不必存案。不須動用紅白稟也。有雙紅稟夾單者。以其事正稟未敘。不能將此事曲明上司也。（同前）

夾單用八行格式。每行二十八格。低三格寫起。開首不寫官銜姓名謹稟字樣。只寫謹稟者云云。來寫卑職某某謹稟。（同前）

雙紅稟今已革除。有用之者。亦改為五行頭耳。（清同寶廉公文

式）

以一手本寫官銜姓名。另以一手本先寫官銜姓名。後寫稟賀等情。謂之雙紅稟。如上司新任陞遷加級陞見。及賀年節生子生孫各喜事用之。若非親臨上司。而分位尊大。如本省外道。及外省督撫藩臬各大憲。亦均用之。繕寫雙紅稟。用五行。每行二十八格。連抬頭在內。上餘三指寬。周圍留邊。約一分半。開首一行低三格寫起。自官銜寫至謹字止。看官銜字之多少。或一格寫一字。或二格寫三字。或一格寫二字。配勻一直寫下。第二行稟字。平官銜寫。

格一字。第三行寫大人字樣。高二抬。下寫閣下。下寫謹稟者竊卑職云云。卑職字偏右邊寫。一格一字。以下敘事。寫殼五行。然後接上恭維。庶幾大人字樣。又在下版居中。最為莊重。此五行有一行到底更妙。末寫卑職某某謹稟。寫名不寫姓。卑職某某偏右邊寫。一格一字。謹稟二字照稟文一樣大。格中寫。（官鄉

要則）

書稟內字句。必須一路到底。切忌具腳。亦忌平腰。（同前）

夾單稟者。夾紅單稟事也。夾單上用敬稟者起。某人謹稟止。無年月日。（同前）

稟帖宜年月寫於陽面。不寫陰面。有空一頁寫者。則為曳白。（同前）

封稟之法。凡雙紅三紅夾單及紅白稟。俱內用紅封。不粘簽。不寫字。不粘封口。口上紅簷折入封內。外加白封套。以白封口對紅封口。用紅簽粘。正面紅簽子稍短。綜齊上不齊下。忌漏白故也。簽上寫大人安稟四字。有宮保銜者。寫宮保大人。若係老師。寫宮保夫子大人安稟字樣。紅簽上字要端楷。又要排勻。上一字頂上簷寫。忌空頭。底下一字宜落底。忌弔腳。字不宜大。背面騎縫上寫稟字。下寫封字。字亦要小要正。蓋以小稟封圖章。不可歪斜。蓋好送簽押粘口申發。（同前）

書稟一席。從前俱由書稟師爺寫正。近時多有由簽押管書稟朋友代謄。書法貴乎圓潤乾淨。無錯無漏。快而且好。方為能手也。（公門要略）

凡挖補或用同色紙。或貼僉箔。均無不可。但不可多。只挖補一二字。多則不成事體矣。（同前）

凡抬頭以三抬為率。如頌聖字樣則三抬。恭維上憲如大老爺大人之類則雙抬。頌揚上憲字樣則單抬。（同前）

凡所來書稟。多由管稿朋友送。或官自己管。一經交到。即先掛號。後呈閱。恐至存內無從掛號也。如應復者。即送師爺擬稿。擬定了稿。或由師爺處送到。或由管稿朋友交到。接收後。即行呈閱核定。即蓋用官之圖章。或畫花押。方為定稿。然後再送師爺處寫。或自己代謄。然於未寫之先。即應發條要備官封。寫正後。看官封上官銜無錯。即連官封稟信一併夾好。送交管稿朋友。由管稿送用印後。自然又交回。即再查過一遲。掛號封口。勿張冠李戴。仍交管稿發送。如若有關案件。則不必封口。如隨文發遞者。更不必再用官封。一經寫好掛號。即交管稿轉發。但書稟面簽頭上用紅紙條。寫明隨文封發字樣。附插其旁。（同前）

凡無驢緊要之件。方由管書稟之人發出。如有關緊要者。仍由管稿朋友封發。（同前）

凡上司常有公事。加函諄囑。應將憲柬稟繳。或有謙稱教晚名目。應壁謝。不可漏。（長隨論）

凡不答復之稟信。只可放在一處。每月作一束存。（公門要略）

凡已發之稟信各稿。亦每月作一束。用簽標明某月份字樣。存於案上。以備翻查。（同前）

凡關乎銀兩公份等項之件。書稟應提出另存一處。或存賬房。總有一定之處。俾易翻閱。不可雜亂。（同前）

凡關乎刑錢案件之事。非書稟所能辦者。發房之件。亦要提出。分別刑錢。放在一處。亦每月作一束。事簡之區。亦簽標明白。

置於案上。（同前）

應立號簿三本。一來信稟。二發信稟。三公份銀兩。（同前）

凡奉諭傳語。如請師爺擬一稟稿。應如何敘法云云。即要細心聽明。要體會官府的意思。方能傳述。否則詞不達意。所擬之稿。總不合式也。（同前）

凡辦公桌上。筆視之外。不可留存片紙隻字。若有公事送來桌上。一見便知。心目何等清爽。（同前）

凡發案。取官封以及一切公事。不宜蓋用圖章。其餘倘有不周之處。總宜隨時留心。至所用印色。更須精良。有好圖章。無好印色。仍為不美。（同前）

書稟一席。最為清苦；但為公門中第一流人物也。（同前）

（一二）

門房

一司閽之職。要知世道交接。律例稿案明悉。言語吩付。不亢不卑。事分緩急。量其輕重。察其大小。須要井井有條。如官府新到任。即細查閱地界。遠近村莊疏密。民情風俗。熟悉於胸中。土役何人妥當。士紳誰興利除弊。訪查明確。以備不時之用。

一宅門原是總要之區。關防尤重。凡出入稿件。必須親自閱目。書役所稟事件。俱要查問明白。自己了然。方可轉稟。若發出事件。須看事情緩急。妥為辦理。

宅門乃咽喉之所。責任稽查。出入人等。必須隨時查察。以重關防。但廚丁夫役。最易混雜小人。亦當留意。不得任其來往自由。以招奸類。致失物件。（長隨論）

司閽者須老成壓眾之人。官給門房諭帖。凡署內家人。非官差不許任意出入。如有阻之不聽者。回明逐山。司閽者聽情不阻。查出併究。即官親幕友。出門拜客。亦須問明禀知。蓋衙署隨處有弊。無內應則不行。即茶房門子。非坐堂會客。不可令入宅門。緣書差往往以茶房為耳目。官幕之一言一動。外人無不周知。撞騙招搖。多由於此。不可不慎擇而嚴防之也。（學治一得編）

一切事宜。總要根尋。存寫號簿。名曰日記。有投遞薦函。要問清住址來歷。辭行問何日起程。至何地方。有何公事。

總要登記。防備官問。以便答應。

一黎明傳頭梆。打點七下。名曰為君難為臣不易。官起打二梆。打點五下。名曰臣事君以忠。即發簽套。申刻頭梆。打點七下。日落二梆。打點五下。即收簽套送簽押房。聽官自辦。若坐大堂。另傳頭二三梆。如送客走暖閣。打點一下。不走暖閣。不可打點。出入不可大意。

宅門啟閉有時。每於黎明內宅擊點七聲。外傳頭梆。如係院司道衙門。外係傳鼓。即開宅門。兩廊該班胥役人等。到衙門辦事。聽候傳喚差遣。迨至辰刻。宅門擊點五聲。外傳二梆。即將日行核判簽稿逐件檢點彙齊。發交承發房值日登記。號訖分各房經承接辦。不得假手。以防抽匿延閣之弊。仍令值日書姓名。填於號簿內。以備稽查。如有緊要公事。囑令各經管。每於簽稿上粘一紅簽。寫明傳稿傳簽字樣。以便醒目。隨到隨送。不致延誤。如附入簽稿箱內彙發彙送。勢必遲誤公事。或係緊要卷宗。內有契銀錢期票保領限報。以及審擬供看等件。即傳該承赴宅門承領。不致遺失。亦不致被人抽匿抄傳關節。須當留意。直至申刻。內宅擊點三聲。外傳晚梆。各房彙送日行簽稿。由承發房送進。即時查點件數無錯。即送簽押房分送。惟有各役稟到人犯。及緊要事件。即時登記。以便稽查。或應回稟之件。隨即轉回上人核奪。如係控稟搪塞事件。著令該役費稟堂回。如代具傳稟。輾轉批示。又需時日。挨延公事。反為承催不力之咎。迨至一炮以後。查點上宿胥役。查守倉庫監獄民壯兵丁人等。以重防範。如果齊集。即將頭二門及宅門封鎖。倘有外來緊要文檄。令由轉桶傳進。即時

拆看。不可延擱。（公門要略）
衙門梆鼓。為各官稟見拜見收發公文簽稿套而設。頭梆一面。請鎖鑰開門。其時六房三班內外人等。盡行起身。二梆即發簽稿。呈稟公文等件。或送進送出。即其時也。但亦有早二梆送稿。晚二梆送簽。不可不知。因地制宜。不必執定成見。（長隨論）
鑒明發頭梆。打點七下。外應梆一次。發二梆。打點五下。外應梆二次。官府從上房下簽押房來。官坐堂。俱發頭二三梆。打點三回。外應三次。開印封印放告點夘開徵發榜俱打頭二三梆。（同前）
春冬二季。每日卯正一刻發頭梆。辰正一刻發二梆。申初三刻發晚梆。酉正三刻宅門上鎖。夏秋二季。卯初一刻發頭梆。辰初一刻發二梆。申正三刻發晚梆。戍初三刻宅門上鎖。管門家人派有專司啟閉者。照此辦理。每日頭梆廚房燒水。茶房煎茶。各家人此時淨臉辦事。二梆以後。門上查點本日案件數目。傳喚書差。

飾齊各案人證。伺候聽審。如本日案件較多。晚梆以後。亦如早梆伺候。（清何耿繩學治述略）

一出入簽稿。必親自檢點。恐防夾雜別件。

稿套出進。須要仔細檢點。恐內裡有夾帶等弊。（門務摘要）

一解來人犯，面論差照票驗明斗箕。標牌收監後。再拆來文。核對無錯方發刑房。照繕短文解票。送簽押蓋印掛號。次早請官升堂點解。吩咐沿途小心。並發回照。交前站差領。如遇該犯帶病。當取來解甘結。配軍流徒。須要查其火牌文一件。恐沿途錯遞。

一切勿輕押人犯。務當清理班房。

押犯宜勤查。案有犯證。尚須覆訊者。勢不能不暫予羈管。繁劇之處。尤所多有。然羈管之弊。甚於監禁。蓋犯歸監禁。尚有管獄官時時稽查。羈管則權歸差役。稍不遂慾。則繫之穢處。餓之終日。恣為陵虐。無所不至。至有釀成人命。貽累本官者。若賊犯久押。則縱竊分肥。為害更大。此等人犯。官難畢記。全在幕

友立簿檢察。以便隨時辦結。即官有代任。幕有替人。亦可免賄脫之息。（清汪輝祖佐治藥言）

一接遞人犯。察其罪之輕重。分別羈禁。

一一切事宜。俱要立章程。庶免臨時周章。

一不論地方煩簡。須設粉牌。懸掛壁上。或官面諭之事。或上司嚴限。或案件要務。或應理詞訟。摘要登記。以便催辦。

一同官過看。號房持帖迎送。紳士餽送禮物。設使不收。亦須婉言辭謝。勿拂他人好意。

一要謹慎和平。凡事務要相商。勿執己見。彼此照應。與官府皆有裨益。

一如命案逃兇。迅速派差緝補。勿使遲延。知風遠颺難獲。竊案滿貫。即速回明官。請刑立限比緝。毋使漏網。

一忌辰日期。儀門外供設忌辰牌位。不坐大堂。不用刑杖。出入不打點。不開道。打油傘。

如遇忌辰日。必須前一日晚問。將點槌收起。不致舛誤。（門務摘要）

一凡遇過水陸差使。同官派人各行照應。如大差使過境。應備夫馬船隻。務要備辦。皆照向來章程。庶免臨期掣肘。即是小差使。亦須留心辦理。不可草率。

一原差送進到單。而公事私規費。要探聽案之好歹。將規費收清。問明帶案原差。兩邊人證可曾齊否。如人證未曾齊。切不可回官。若人證齊。即將到單歸插卷面上。連卷送交簽稿房。由簽稿送交值堂。值堂呈官閱看。請示先問某案。如官看卷畢發出，交值堂者。即速傳齊站堂書役。令原差先帶某案。再行請官坐堂審案。退堂將卷送交簽稿。然後將卷送門房。必要問明甘結遵依。及口供領狀保狀。歸卷發房。

諺云。衙門六扇開。有理無錢莫進來。非謂官之必貪。吏之必墨也。一詞准理。差役到家。則有饌贈之資。探信入城。則有舟車之費。及示審有期。而訟師詞證。以及關切之親朋。相率而前。

無不取給於具呈之人。或審期更換。則費將重出。其他差房陋規。名目不一。諺云在山靠山。在水靠水。有官法之所不能禁者。索詐之贓。又無論已。（清汪輝祖佐治藥言）

今之遵依。即古之服辨也。元典章凡府司官對眾審訖。必取服辨文狀。按今律仍有獄囚取服辨條。注服者心服。辨者分辨。近易其名曰遵依。則有服而無辨矣。（浪蹟續談）

一收平移文通緝事。俱要驗明封外件數。將封拆看。是何公事。看畢送交簽稿房。呈官閱判到期。如文書錯落不對件數者。即喚把門差役。扣問來差。好備移文回復。假如緝案。速簽差查拿。至平常來往包封書信。切莫拆開。仍原封呈官。

一發上憲文書及詳文一切稟報。而平常事務。總宜細心過目。字無錯落。點明件數。方可再封口發出。

淮南子時則訓。仲夏之月。事無徑。注當請詳而後行也。今由下請上之文曰詳。似已肇於此。（浪跡續談）

今文書申上者號詳文。按左傳成十六年。詳以事神注。善用心曰詳。宋史職官志。熙寧四年。置檢詳官。疑即詳文之所由始。（隨園隨筆）

詳者。詳言其事以申於上者也。衙署局所用之最多。有「詳報」「詳覆」「詳請」「詳送」「會詳」等類。其制如今日之呈文。但此種文件。以事件較重要者用之。有詳冊。用九行藍格紙。低二格寫。以備擡頭。如遇聖諭上訓等字。則項格寫。其有應行三擡者。如列祖綸旨之類。則出格一字。至敘述上憲。仍用平擡。與申文同。詳冊之外。尚有副詳。用毛邊摺紙摘錄詳中緣由。以備上臺批示。其式皮面正中書明銜名為某事由驗摺字樣。齊下紙邊用印。所書官銜事由。須與印之上邊銜接。文每版三行。第一版敘官銜并書為某事緣由。備載書冊。不復重敘外。理合具文備由。請憲臺鑒核奏咨。實為公便。須至詳者。第二版右書「右詳」。左書上司官銜及姓。第三版書年月日。其式如申文之封筒。原詳詳到後。於副詳年月日後頁右邊蓋用官銜。加錄批語。然後合入詳冊書號。用騎縫印發下。其合同之制。與申文之批迴同。（清同寶廉公文式）

一每日所辦之事。及發承行差票。必要親手掛記。問明經承。某房姓名。原差某人。原被告某人。某人具控某人。訴案詞由。方好催案追差。

一遇喊冤擊鼓等事。即喚值日頭目。問明情由。先看案之輕重。有詞無詞。若無詞吩咐值日頭帶去做詞。而後將詞送進。呈官看過。判寫日期下來。帶交簽稿。送刑錢處批。批畢。俟簽稿房送至門房。再發房出票查究。如緊急事。即回官出板簽拏究。

一擊鼓喊冤。若重大者。即回明請官坐堂問供。即喚房簽稿並送。飭差查拿究辦。如其事小者。當即請官坐堂責罰。整頓刁風。

一申報上憲有無邪教娼匪姦拐命盜等事。查明十日一報。名目為旬報。喚刑房辦理事由。

一遇報命案者。必須看明詞情由。令他協同地保。及房族鄰人前來告狀。將報案之人。交差帶往。隨即將詞呈官。閱判日期。一面傳齊刑招房仵作及站堂差役等。齊即請官坐堂。問供之後。請示定期下鄉相驗。前一日令原差前去搭廠。派定夫馬。傳喚刑房仵作。令他同官下鄉。將報案原詞。所問口供屍格。交值堂朋友帶起下鄉。併要帶洗冤錄銀針。防服毒斃命用。

每見州縣等官。初入仕途。不諳檢驗之法。遇有人命。不即往驗。因仍舊習。先差衙役催搭屍棚。預備相驗什物。種種騷擾。該役既自索差錢。又為仵作刑書串說行賄。官尚未到屍場。而書役賄賂已得。安排已定。及至臨場相驗。官又躲避臭穢。一任仵作混報。增減傷痕。改易部位。甚或以打為磕。以砍為抹。以致傷痕參差。案情混淆。詳駁覆驗。罪有出入。官被參處。莫不因此而起。夫檢驗屍傷之法。備載洗冤錄中。凡為牧令。悉當留心講究。熟悉平時。一遇地方報到命案。一面差拘兇首。毋使疏脫。一面傳集仵作刑書。單騎減從。親往相驗。切勿差催搭棚等項。亦不可任仵作刑書。遠離左右。一到屍場。即喚原被證佐。訊問彼此有無仇隙。因何起釁。用何器械。打傷幾處。幾人動手。各傷幾處。幾日身死。得其實情。然後令人將屍移放平明地上。督同仵作。細細相驗。某處係何物致傷。是何顏色。長濶淺深是何分寸。生前有無殘疾。死後有無粧點。沿身上下。務須親加察看。硃填屍格。不得避穢遠離。任聽仵遠喝報。被其欺朦。又須追起兇器。比對傷痕。果否相符。有無疑竇。蓋驗訊既速。則屍無發變之虞。役無賄詐之弊。兇無狡飾之情。傷無不確之患。諸弊除而信案成矣。（欽定州縣事宜）

一官相驗回衙。令茶房頂備大堂公案。令原差預備爆竹。伺候排衙進閣房。先到賬房領爆竹伺候。俟官排衙畢。進內閣接放。

一原差將兇犯人證如帶齊者。即吩咐差役。細心管押。隨即請官坐堂問供收監。填清屍格。申報上憲批解。免官躭處分。

一官下鄉踏看水災旱災山場墳墓田塘水路等事。須分戶房工房刑房兵房畫工辦理。若下鄉者。務要分隨帶畫工前去書圖。若有丈量之處。帶有丈手。

一上憲委員前來。查監獄城垣。查驛站。查逃兵。查逃旗。或控案等事。務要隨到隨行。趕緊辦文銷委。

一經過硝礦餉鞘貢船等。定要驗明觔兩。所貼之印花。趕速辦文。撥派兵役護送。將過縣日期申報上憲。

餉鞘過境收點時。即飭該房逐鞘秤準。對數核件。有無零星。開載明白。隨放大堂。掩儀門。派差役看守。內派細心妥當朋友督查。次早轉解前途。再給回照。其印花交給內解帶至前途。貼粘為妙。（公門要略）

更夫必須更鼓分明。挨更交遞。（門務摘要）

一銅鉛遇境。委員執旗。趕緊催趲出境。再貼印花。俾免逗留。以重地方責任。

一星相師幕。以及道中朋友等。投遞薦函。必須隨機應答。細問來由。無論官收與不收。勿要輕慢。若遇上司委員。及差委案件冊結等事。或飭房辦文賫發。或先撥役辦理。毋許書役玩忽。

一門房應立各簿。自理詞訟簿。搶竊件簿。檢卷發房簿。差委書信簿。府批案件簿。命盜案件簿。日行事件簿。登記公文簿。移文關提簿。解出各犯簿。問案堂事簿。值堂招房繕簿。各憲批發呈詞簿。

一門房應備各單。忌辰單。上下驛站里數單。茶房值堂單。經承值日單。各房值日單。各門地址單。各保甲單。各行應差單。水陸路程單。船埠值日單。百壽圖單。祭祀單。代理單。各屬單。把門單。買辦單。

執帖

一官到任。令號房開進闔縣紳士姓名單子。俱要載明功名職銜鄉城住處。

紳士為一方領袖。官之毀譽。多以若輩為轉移。採其行端望重者。

偶一俯交下問。便覺正氣隆重。人知嚮方。再為觀風月課。整飭斯文。則眾口成碑。官聲日起。宵小之徒。氣類肅索。自陰消無數禍端矣。（學治一得編）

一令號房開進文武同寅各生日單子。名曰百壽圖。同城同寅。如兩學武弁捕廳。皆吾羽翼。要以誠意相通。則皆為吾用。倘遇不醇之輩。但須自立城府。不可外露鋒芒。蓋善者以吾為倚畀。不善者即以吾為魚肉。我有隙而後議彌。則已晚矣。彼既發而後思禦。則無及矣。至捕廳尤為親密。要使明為我用。而不至暗中用我。則公事一切。可得共濟和衷之益。（學治一得編）

一令號房開進合縣典當行商綢緞布店姓名單子。有無功名。是何招牌。備官拜客請酒用。

一令禮房開進忌辰單子。自己用一牌子寫忌辰二字。每逢忌辰隔晚。將小牌子掛於點上。免其傳點發梆。

一忌辰日間。回官莫穿公服。請官穿素服。行香祭祀。令禮房均要送儀注單子。

一紳士進署拜會稟見者。接帖進內。回明本官請示。或見或不見。若見將客請至花廳。自己執帖站立一邊。候官與客相見。自己再行退下。

一同寅文武官拜會者。接帖回明本官請示。或會或不會。若不會令號房攩駕。若會令開中門。執帖請官花廳引坐。自己執帖站立花廳門外。候官與客相會。將帖送交客友。官會客者。先知會跟班朋友。令把門喚茶房。

有官長紳士稟見。問明姓氏。穿何服色。回明上人。（公門要略）

一令號房每日將號簿送進門房。呈官看明。好回拜謝步。若官出門拜客。自己站立門房一邊。出入站班。官出門拜客。先知會差總。預備執事轎夫跟班馬。外邊伺候齊全。再上去請官。

一迎春冬至文武同寅官員晉賀者。自然隨到隨請。總宜先要回本官再請。或紳士亦來晉賀者。執帖先回明本官。看官見與不見。若見再請。

一官請客赴席者。至書禀房寫帖。寫畢令號房去請。看客若干。再行知會廚房。辦理酒席。

一赴席之客。隨到隨請。然後執帖回官。客若到齊。請示擺席。開過頭道點心。即令三使擺中席盃筷酒菜。擺時喚茶房招呼。

一上憲委員前來。即請至花廳。問明委員朋友。催何項公事。問明執帖進內回官。知會廚房。備辦飯菜。喚茶房伺候。知會差總預備房間等事。

官府送客。由暖閣出。俱打點一下。官府送迎武職。俱打點一下。

（公門要略）

一每日朔望行香。尋常祭祀。出門拜客。迎接差事。先要候將大役喚齊伺候。

一若有人投薦書者。務要和氣。茶煙相待。請問姓名。自何處來。薦信要呈官拆看。切莫拆開。

薦信外無官封者。必須盤問明白。或鄉紳。或卸事之員。先自開

拆看明。方始回明官府。（長隨論）

一凡考期同官至考棚。至下午時。帶印盒。打戳記。放餅茶等項。不過是催之耳。

考試五更出門。俱不打點。（公門要略）

如送來席。先看某物若干。並來人幾個。一一記明。始可上回也。（同前）

司道府衙門必有屬員若干。某節定規乾禮該送若干。恐有不諳之處。喚長班問明。不致有誤。（同前）

各憲俱用手本。鎮台用一炷香手本。（同前）

秀才監生用片。（同前）

本縣塩商用紅白帖本。（同前）

門上所得門包規禮。務須逐款開明，以備伙友查看。（同前）

務須訪明官府所有各行出息。或雜事。則門把門子。（同前）

跟班

一跟班者。門印以外之人也。雖在門印之後。而未曾在辦公之列。亦須練達勤能。聰明機警之人。方能勝任。

一隨官下鄉。踏勘相驗。要分事埋之輕重。官坐堂。侍審隨班。要明白案情之因由。倘門印問及。以便於應答。

一聞官一呼即至。日近日親。不即不離。

一官出時。應料理隨蒂之衣服。跟隨上衙。見上司先持護書手本。如未見過面上司。即應穿蟒袍補褂。呈履歷。

一官出門拜客。先在署內公館問明官府。何處拜會。何處親拜。拜會者投帖子即辭。辭行則只穿馬褂。如遇禱晴禱雨。忌辰。只穿玄青素服涼帽。不理刑名。皆跟班所宜知也。

一如上司親拜謝步。我即持其片子。趕出門外擋駕。若係道府一定要拜會。即先擋駕。次則至儀門。請大人或大老爺升轎。如此一直進宅門加官。門內迎接請安。隨迎至花廳行禮。左右正中擺獨匟。以備一人在上獨坐之意。而上司談恭。不肯在匟上坐。我等聽上司諭。擺右邊匟。即將右邊匟擺上。如此賓主左右分坐。我等即端茶交與本官上茶。隨端本宮之茶。上司吸烟者。跟班上烟。而縣官謙敬者。雖是喫烟。見上司亦不敢食。我等即不裝烟。或上司讓到。一定要本官吸煙。我等方才裝烟。吸過烟。談完話。上司起身。我等即招呼送客。大轎執事伺候。本官送上轎。行小禮。升轎而出。此迎賓送客之大略也。

一萬壽冬至迎春拜叩坐朝謁聖大祭典。應用朝服朝冠。元旦三日委調小祭。勸農。迎送各上司。應穿蟒袍補褂。拈香講訓。升坐大堂。拜客送客祝壽道喜。單穿補褂。或亦有不穿補褂。只穿外褂也。

值　堂

一到任坐堂。門房將到單案件送來。自己將卷細看。看畢卷呈官閱。請示何時坐堂。先問某案。即令原差先帶齊某案人證。喚把門傳喚站堂書役伺候。官坐堂時。將先之案卷擔放公案棹上。將點名單擺開。放官面前。吩付原差。令案內聽名。自己站在官身邊聽口供。防書辦舞幣改供。若領何物件。即令當堂寫具領狀。呈官寫日子。歸卷存案。

一當堂開釋人犯。即回官在點名單子上。用硃筆批記。

一官當堂收押人犯。令刑房招房寫牌子。回官用硃筆在堂批記。

一官承審命案及盜案。若不招口供。用刑時刻。要上前去看。或跪鍊。或上夾棍。亦要隨時查看。恐防書差。不可大意。

乃有所謂跪鍊者。盤鐵索於地。裸犯膝跪其上。猶為未足。以圓木或竹穿入兩膝彎。用兩人左右踏之。曰踏槓。亦曰壓槓。慘號之狀。不忍見聞。二十年前。幹吏用以勘黠盜。已而非黠盜亦用之。後遂用之命犯。甚則訟案亦用之。（清汪輝祖學治臆說）

至以掌批頰・或五或十。法之輕者。今以皮代掌。有疊批四五十及七八十者。流血不止。甚至齒牙脫落。是極輕之法。而酷用之。亦足病民。皆非法也。（同前）

一官審結退堂。令原告具遵依。被告甘結。隨即令招房將口供謄清。自己看過。招房改供有無弊端。有無錯漏。看畢繫卷面上。件件呈官判閱。判畢將口供套入卷內。送交簽稿。轉送刑錢處核辦。

一官坐堂驗傷。即傳齊邢房仵作。站堂差役。伺候驗傷。立時自己務要上前過目。看所報何傷。次防仵作弊端妄報。並要細看受傷痕之處。是何物打的。自己要問受傷之人。受傷之處。是何物打的。令招房寫清口供。刑易謄清傷單。官驗畢退堂。將傷單口供呈官標明。標畢歸卷。送交簽稿。轉送刑錢核辦。若繳有贓物兇器。回官標批貯庫。

驗傷填單例取保辜。何等慎重。乃或委之佐雜。不知兩造報傷多先囑託仵作。故仵作喝報後。印官猶必親驗。以定真偽。且某傷為某毆須取本人確供。辨共形勢器物。萬一傷者殞命。此即擬抵之據。（汪輝祖學治臆說）

一官下鄉相驗者。將共所報呈詞。當堂問的口供。一切要記得。帶下鄉去。並要帶洗寃錄。帶鼻烟七釐散。帶銀針恐防服毒者。

一官下鄉相驗。問原差公館在何處。官到先落公館。然後方可請官屍廠相驗。即令仵作驗傷。自己上前覩驗填格。驗畢令屍親領屍掩埋。回官將標屍單之硃筆。順手向前一拖。拖畢。此筆不要。向前丟去。官立起身來。即將公案棹向前打倒。請官上轎。起馬回衙。

稿案簽押

官到任接印之後。令吏房備辦申報各憲到任日期事由。

官鄉要則云。接印後。令吏書辦文書用印繳憑。申報到任日期。

式如左：

某縣某為申報事。照得卑職年若干歲。原籍某省某府某縣人。由某行於某年某月某日除授今職。領到吏部某字若干號文憑一道。原限在某月某日到任。除遵限於某月某日上任管事外。所有原領文憑一道。理合具文申府轉繳施行。須至申者。 計申送 文選一通 某年某月某日

一令各房造送須知冊子。並要白號簿應用。
一令兵房備辦各州縣移文封套。移知到任事由。
一令兵房傳畫工畫地圖。再要明四至疆界單于。
一令吏房備送各房書辦點卯冊子。
一令兵房備送各鄉保甲點卯冊子。
一令兵房備送各班差役點卯冊子值日班牌。
一令刑房備送班房賊籠監獄點卯冊子。俱要註明罪犯案由。
一令工房造送城垣廟宇橋亭須知冊子。
一喚兵房送牌呈官。定期點差役卯。
一喚吏房送牌呈官。定期點書辦卯。
一喚兵房送牌呈官。定期點保正鋪司卯。
一喚刑房送牌呈官。定期點軍流卯。
五刑之中。徒罪列於三等。其去軍流不遠。皆係作奸犯法之人。擺站拘役。原有年限釋放。未嘗禁錮終身。乃各驛中或有驛丞專司。或係本官代管。在驛丞官職卑微。惟圖營利。而知縣地方事冗。不復經心。此等奸點犯徒。每多夤緣賄買。私放歸家。或倩人頂替。本犯潛回。梟犯仍然賣鹽。竊盜依然作賊。或遇旁人首告。在未經拏住者。則星夜逃回原驛。以為並未遠離。倘連人捕獲。則該驛倒提年月。捏報脫逃在先。借以掩飾。甚至隨到賣放。旋即報逃。有一驛而連逃數人者。(欽定州縣事宜)

一喚刑房送牌呈官。定期查監獄賊籠犯人。回明官查監獄頂備賞號。

一喚禮房送牌呈官。定期行香。

一喚工房送牌呈官。定期閱城。

一令戶房開送錢糧地丁漕米漁屯糧雜稅等項額征若干清單。名曰節略。

一喚承發房送牌呈官。定期考代書。有規矩。薄厚不等。

令承發房送考驗代書牌。惟書差點卯考代書均有規禮。(政餘雜記)

一喚承發房送牌呈官。定期放告。及各房送牌至門房。門房總要送至簽稿房。由簽稿呈房定期。硃筆標判日子。候簽稿送交門房看明。再呼把門喚合房發出。懸掛頭門。是也。

一官到任之後。務要回官。出嚴禁私宰賭博窩娼酗酒行兇私鑄私硝強討乞丐迎神賽會喫齋教匪等告示。

一前任移交案卷。務要查明。有無命盜姦搶上控批審之案。如有此等要緊之案件。即調卷查看。若未定供。即回官急速提審。或有要犯人證未會拏獲者。速催該房送稿出票限差嚴拿。方好定供。詳報上憲。免本官躭受處分也。有要緊之案。自己立號簿掛號登記。另為摘出。方好催案。前官移交尋常田土錢債等案。均要調卷查明。方好出票傳審結案。

凡詞訟案件。立號簿登記。批准之案。某人以某事控某一案。差某人共傳幾人。限幾日。總要註明。若屆期不到。以便催案比差。

（政餘雜錄）

命案盜案。須喚刑房立簿。扣定之限。期內懸牌於旁邊。寫明查

閱。以免誤限。（公門要略）

事非急切。宣批示開導。不宜傳訊差提。人非緊要。宜隨時省釋。不宜信手牽連。被告多人。何妨摘喚。干證分列。自可摘芟。少喚一人。即少累一人。諺云堂上一點硃。民間千點血。下筆時多費一刻之心。涉訟者已受無窮之惠。故幕中之存心。以省事為上。（汪輝祖佐治藥言）

嘗聞之前輩云。核批呈詞。其要有三。首貴開導。其次查處。不得不准者。則摘傳人證。如漫不經心妄准濫傳。恐不惟小民多費。因而致貧。且或拖累斃命。及釀成大案。悔之無及。可不慎哉。至田產等案。尤易牽涉。一經罣名。有積年累世莫脫其苦者。核稿尤當加意。（同前）

既示有審期。兩造已集。斷不宜臨期更改。萬一屆期別有他事。他事一了即完此事。所以逾期之故亦必曉然使人共知若無故更改。則兩造守候一日。多一日費用。蕩財曠事。民怨必騰。與其准而不審。無若鄭重於准理之時。與其示而改期。無若鄭重於示期之始。昔有犯婦擬凌遲之罪。久禁囹圄。問獄卒曰。何以至今不剮。剮了便好回去養蠶。語雖惡謔。蓋極言拖延之甚於剮也。故便民之事。莫如聽訟速結。（同前）

衙門除官幕而外。類多喜事。不欲便休。藉以沾潤。故諺云一紙入公門。九牛拔不出。甚言其興訟易而息訟難也。官若矜全。民必感頌。如察其事若有訟師起滅者。亦當先寬愚氓。徐圖奸輩。（同前）

一有息案及審結之案。差票在外。均要喚役進署。立限繳入門房，自己回官。請硃筆標銷。

一十二月封印後。回官施恩。將各案簽票吊銷。候開印再行轉票出差。免差役下鄉擾索虐民。

至臘月十九日。如實有人證不齊之案。有未結之案。請官趕緊訊結了事。實有人證不齊之案。將票撤回註銷。俟明年開印再行出

票傳訊。以免出票在外。差役訛索害民。（政餘雜錄）

吊銷差票。將墨筆於印文之處勾銷。（公門西略）

一前官移文之贓。或者銀錢衣服器物等項。必要吊卷查明。看案卷內有無領狀。無領狀即未領去。即回官查贓現存何處。好看明入庫。

一遇上憲所來公文札飭。將文札拆看。有何要緊公事。隨到隨辦。若遲延與官躭處分。即為不美也。

札為下行公文之一。分「札飭」「札催」「札發」「札委」「札知」「通飭」等類。其式用毛邊摺紙。皮上居中題一「札」字。於下半右邊註明所札某衙署或某人姓名。文則每版四行繕寫。首行敍文衙署名稱。到底末一字書一「為」字。二行低二格。寫「札飭事」或「札委事」云云。末以「此札」二字收。（清同寶廉公文式）

一放告狀詞。門房送來號簿。急轉值堂。

一逢放告之期。先發房繳進號簿。查明新詞若干。舊詞若干。看多少戳記規費。並查竊案若干。看明送交值堂。呈官看過請示。或本官狀詞。或委捕廳狀詞。定要問明。即傳齊書差。伺候站堂。如坐大堂狀詞。及平常坐大堂。均要發梆，頭梆打點七下。二梆五下。三綁三下。如喊發三梆。即請官坐大堂。

一狀詞完畢。官退堂時。值堂將狀的新舊呈詞送來。隨即點明件數。查新詞若干。舊詞若干。將詞另記清單。交送門稿。問承發房繳狀詞規費。即將新舊呈詞送至號件處掛號。掛畢分送刑錢處批。刑錢處批畢送來。即將呈詞批語呈閱核改承行。官承行畢。將詞送交謄批處。謄畢送來。將粘條副詞抽出存內。註明年月日。防備稽查。

告期收呈。如係官府親收。則由門上看過。送進簽押。由簽押分送刑錢核批。如委員收。則先送官看。後送師爺核批。刑錢批出來。即時送上官看。如師爺用紙包。即時原封呈上。不可私拆。以避嫌疑。官府核定。蓋過圖章之後。再送謄批。掛號畢。傳承發房進署寫狀榜。寫好狀榜。即判。要對無錯。連呈一齊發出。

或謄批。或掛號。恐有躭擱。俟官看後。即先狀榜。隨後再為謄批掛號。以免遲延。近時各處多有如此辦法。必要按期批發。免得積壓公事。如告期中呈詞有緊要者。即要先辦。不必待一齊掛發。（公門要略）

每逢放告期。呈詞共收若干張。須先登記簿上。然後分送刑錢。俟批出即送官過目。蓋官圖章。再送過批。批就即送掛號。掛過號。即令承發房進署抄寫狀榜。即將狀榜送黑紅筆過硃。過硃畢。送門房掛號。（長隨論）

新舊呈詞。細看內有批准。新呈檢出送官標判。其經承名字。標在呈頭。用官圖章。蓋在新經承名字上。其新舊呈詞。發值日承發房分發各房經承敘稿。（同前）

州縣放告。不可拘三六九日期。每日早堂。接收一次。閒時要心氣和平。不可一味濫准。亦不可執意批駁。更不可批發衙官。蓋小民之冤抑無訴。始行呈報。若不為准理。則是非不明。曲直不分。若批發衙官。則恐徇情枉斷。受賄行私。勢必奔控上司。是反開越告之門也。准後又要速審速結。斯不至妨農失業。花費盤纏。且官府處延一日工夫。則房差等多一番需索。（欽定州縣事宜）

一各房送簽押。由門房送來。即將簽稿送用印處。用畢。即送標判處。標畢送號件處。掛畢。過細看明。交門房發出。送印畫行。定要留心看明。草稿不送畫行。無行不送用印。所辦一切公事。萬不可粗心疏忽。

一上憲所來札飭。及平行移文。由門房開拆看過送來。自己要留心看過。查點件數。呈官閱判到期。官判到期之處。自己要顆內號章子。如門上送文進來。有先送官看。後送師爺看者。有先送師爺核定。再送官看者。有不待師爺與官看過。先行發辦者。

論其輕重緩急。臨事變通辦理。（公門要略）

凡俗常稿套，必須送師爺核定。有師爺圖章為准，核定後。再送

官判行。（同前）

傳呈要先送與官押妥日子。再送師爺核批。（同前）

上憲及平移下屬各處遞到公文信件。有由門上拆者。有簽押拆者。有官自拆者。但封口文書。不可亂拆。（同前）

文書押奉到之日子。原應官押。或簽押代押。亦有上憲來文日子押在文後。平移下屬押在文面。（同前）

一來文書查看何事。若刑名急送刑名處核辦。若錢穀即送錢穀處核辦。或者刑錢兩處俱有。仍送刑名處核辦。刑錢看畢。粘單送來。即送號件處掛號。掛畢送來。過細看明。送交門房。發房敘稿。務要看事之緊急。若緊急之事・令房火速送稿。申報上憲。

凡各處來文。官看之後。即由簽押送到刑錢。刑名由刑名轉送總管。錢穀由錢穀轉送總管。由總管送與掛號。由掛號發去・簽押仍須分別登記。方能發出。如外府州縣事簡之區。多係刑錢兼辦無總管名目者。公文即由刑名掛號而矣。（公門要略）

一傳承發房隨帶紙筆墨硯。齊進署內謄寫狀榜。寫畢對明。將狀榜送標判處。標畢送交門稿。發出粘貼。

一呈詞稟帖。亦交門稿。飭承發房。請發各房經承辦理送稿。每逢原差夾票具稟。有批「票銷另給」者。掛號處將票抽出。只發差稟。如批仍發者。仍將票夾稟發出。（長隨論）

一每日早晚。各房簽稿。送至門房後。看畢送來。必要件件過目。親身送交刑錢處核改。

凡師爺稿件。必須親送。以昭慎重。如分身不開，再令小子送去。（公門要略）

凡簽稿套。外面則早二批送稿。晚二梆送簽。而內所發出之簽稿套。均早二梆發清。譬如今日晚二梆送簽進來。須用印標判掛號妥當於次早二梆。至於稿套。今早二綁送進來。要等師爺核定。約略晚二梆發出簽押房。該簽押自己歸齊一處。明早二梆送官判行。展轉之間。又係早二梆矣。但要緊之件。隨到隨辦。

一班房賊籠監中犯人患病者。將病稟吊歸卷內。送交簽稿。發轉呈官。核判日期。送刑錢處批。或撥醫調治。或當堂提驗。或取保醫治。倘病死監中及籠內者。務必問明看役。稟帖報明。即吊卷將稟帖送仝刑錢處批。即傳喚原差刑房仵作伺候。並令原差預備棺木爆竹。伺候官去相驗。填屍格。官驗畢。坐大堂排衙。

譬如犯人病稟。以及狀保等類。尤其要緊。刻不可緩。重病者或批調治。或批保釋字樣。外面等此批發出。方能辦理。倘若壓擱。萬一斃在囹圄。豈不造孽。（公門要略）

一刑錢改畢送來。聽得官至簽押房。即將各處來文。及各房簽稿。呈官判閱畫行。稿上承差隨帶書差夘簿。值日班牌。好承差承房。

一官承差承房畫行畢。即將官用之圖章。在承差承房之處蓋用。行字上蓋用。免其書役添差舞弊。圖書要蓋用差役姓名上。呈畢。將稿送交門稿。發送簽稿。

凡師爺核出稿件。即時看過一遍。有緊要者。隨時送官核奪。如可緩者。則放在一處。設一書架。等次日二梆送與官看。雖片紙隻字。不可遺漏。如房稟差稟師爺標諭之類。總要送官看過。蓋官圖章。或畫押。方能作准。事無大小。稟師爺而行。切要勒慎。若錯發則喫罪不輕。（公門要略）

師爺發出標諭。如仔細之官。要與官看過。加蓋官圖章。再發門上轉發。不可不知。（同前）

凡伺候看稿。先將雜件呈閱。如差稟房稟之類。次呈稿件。如有各處來文。則隨雜件先看稿。後看文書。均可。至於詳稿。或先看後看。均無不可。總要逐日如此。不可雜亂。（同前）

每日看稿。均須一定時刻。如有要緊者。則隨時送看，不可拘泥。再伺候看稿。俟主人將稿畫行看過之後。然後當面蓋過圖章。又有官自己蓋。或另派一人蓋者。只可聽命而行。（同前）

凡簽套送來。即先看過一遍。查對官銜有無錯寫。差票中計開列之名字。有無錯漏。此不過大概一看。若要搗細。閒暇再為查對。

此節亦係掛號朋友及標判之人均有責成。然當簽押不能不細心也。如無錯再送用印。如有錯漏。發出另繕。再送用印。用畢即送標判。再送掛號。再翻閱一遍。而後發往門上。（公門要略）

一中報命盜姦拐搶劫毆傷。詳銷上控。或發審舊案等情。務要將詳文冊卷及畫圖之屍格。件件對明。自己送至號件處掛號。掛號畢送來。自己看過。送交門房。由門房亦要細心看過。再行封口發出。

伺候看稿下來。即時開發。應送某處辦者。即著人送去。如掛號標判謄批堂事書稟之類。將應發之件。細看一遍再發。若內中有錯。易於辦理。倘若發出有錯。悔之晚矣。所以應發之件留後。若看定之詳稿。尤要留後。另行發出。將應發各件發清之後。自己將此稿細看。易長見識。（公門要略）

官府核定之稿件。首先細細看過。有無漏判戳記。如有這漏。必須補戳補行。方可發出。（同前）

看稿時候。凡主人吩附之話。要記清。如聽不清。不妨問明。免

致誤事。（同前）

一凡本官飭令傳達之語。切勿輕事報重。如師爺處傳話。尤其緊要．務要圓和。兩不相礙。萬一賓主彼此執爭。豈不臉面難過。而歸罪於傳話之人。

凡有發條著令書胥辦理某事。或催某事。詞意中務要斟酌。如「干究」「勿違」字樣。不可亂寫。宜和平謙藹為主。（公門要略）

一每所發出公事。定要設立號簿摘記。防備稽查。

一要設立新案號簿。

一要設立舊案號簿。

一要設立上按案件號簿。

一要設立發審案號簿。要註明原被告兩造案由。要註經承原差限期。過限方好比差催案。

所掛事件。有師爺掛號。有簽鉀掛號。但簽押之號。最為重要。師爺之號。不過名色而已。此乃到處皆然。然又不能不送師爺處。

故凡有簽套。以及一切文卷。均應先送師處掛號。再簽押掛物。不可錯亂。如有急事。可先將稿抽下。掛號另發。（公門要略）

一凡差役將人證傳齊催送進來之到單。即喚差役原差將簽票繳銷存案。

一舊案結後。又復控者。即調卷查看呈詞。與原舊相合否。若未改換案由。仍仰原差辦理。如案由改換者。回官改差。或差過限。辦案不到者。即回官比差。或者添差改差均可。

凡命案驗審各結領最為要緊。按名核對。如有舛錯遺漏。即刻更正。免得後日翻案。而無領棺結收。為他人所噬。（公門要略）

一各項回服。應令經承夾簿核銷。錢量批迴。須逐件對閱。有無挖補銷號。發房面交經承領個歸檔。

一卷宗務要整齊。片紙隻字。須要粘連卷內。此層飭令該房辦理。不必自己經手。即須順日粘好。如政換時節。辦理之事。務須留神。或照詳稿整現。或照堂判辦理。若是精明之官。此一事勿庸簽押分心矣。

然不可不知。

衙門公事。全憑文案。平時宜令書吏將所辦稿件。挨順年月粘卷。隨時呈閱。一案既結。鈐印歸檔。此有四便。奸胥不能抽添改匿。有時檢查。始末具在。上司提卷。不必另做。官幕離任去館。免致臨時周章。（清汪輝祖佐治藥言）案上務須清楚。不可堆放。稿件上加界尺壓住。凡放某樣事件。必須直放某處。不可雜亂無章。若觀某處無事件。即無事矣。再立記催號薄一本。如有要緊記住者。即登簿上。閒暇時翻閱，不致遺忘。如此一張棹。一書架。幾本號簿。卻能辦許多公事。（公門要略）

一地保稟報路斃命者。即將稟帖送至刑錢處批判。隨即傳值日頭同地保前去搭廠。並令預備棺木。伺候官去相驗。官回署。舊爆竹。坐大堂。排衙。門房告知賬房。亦要預備爆竹。官進內閣房後燃放。

一決囚有釘封文書到署。切莫令外人知道。將文書呈官看過。並看天色早晚。一面請捕廳至署。一面武官來署。與本官商議。並問營兵誰人動手。着動手之人。私去磨刀預備。斬畢同署。將動手之人。用大刑責劍。並要預備錢。賞動手之人。

按釘封文書。係機密之件。用夾板夾上。繩子釘好。然後於釘封之處蓋印。

一令禁卒牢頭。決囚之時。小心防守。切莫等犯人知道。將三班衙役傳齊。請武官令營兵監外園住。請捕廳守住監。傳點。發頭二三梆。候發三梆。請官坐大堂。將中間儀門關起。留東邊兩角門莫關。喚三班衙役大堂伺候。令刑房寫出犯人名姓標子。令捕快預備繩索。令廚子預備酒肉包子。令刑房將監犯牌寫好。呈官植提犯人。令捕快拿監牌交捕廳。禁卒開監門。捕快進監。提出犯人。令由東邊東角門進。至大堂跪下。刑房叫名。驗箕斗。即賞酒肉包子食畢。將衣服脫下。馬快動手上綁。刑房將犯人犯法標子倒放公案桌上。官用硃筆向前一拖。順手丟去此筆不要。令捕快將犯人帶去。走西角門出去。武官兵役。押犯人至法場。犯人面向西邊跪下。本官要穿大紅呢雪衣。要帶紅呢斗篷。即在大堂上轎。開中門。趕至法場。目觀犯人開刀。決畢回署。即放爆竹。下轎坐大堂。排衙。排衙畢。進內閣。又要預備炮竹。再預備賞號。賞刀斧手。約錢二千文不等。繼則辦文申報完事。

一每逢朔望。宣講聖諭。必須當面回官。備辦午飯。或點心亦可。朔望之辰。鳴鑼張蓋。前詣城隍廟中。公服端坐。不出一語。視同木偶。而禮生紳士請誦聖諭一遍。講不晰其義。聽不得其詳。官民雜沓。閧然各散。（欽定州縣事宜）常見州縣。每於朔望。循例宣講。率皆奉行故事。照文讀過。毫無發明。聽者寥寥。亦復置若不聞。至於窮鄉僻壤。終身不得與聞其說者。比比皆是。（學治一得編）

一懸曉諭關防。並拿訟師痞棍。禁娼賭私鹽私宰私鑄小錢。里有地棍。此戶為之不甯。訛借不遂。則造端訐告。其尤甚者。莫如首賭首娼。事本無憑。可以將宿嫌之家一網打盡。無論冤未即雪。即至審誣。而破家蕩產相隨屬矣。

地方風氣以官為轉移。地棍揣摩。即視官為迎合。官有善政。未始不資若輩厲階。如官懲賭博。則棍首局誘。官治小錢。則棍訐攙和。官清水利。則棍控侵佔。官嚴鬥毆。則棍飾偽傷。官禁錮婢。則棍告侵揹。官恤窮佃。則棍訟業横。如此之類。悉數難終。大概有一利必有一弊。甚且利少而弊多。

一簽稿各項出息。稅契。硃油。鹽埠。山煤。起復。各帖。節敬。年敬。報捐。拔貢。補廪。漁商。鄉保。典吏。典修。海坪。串票。倉庫。照身。開墾。和息。遵依。甘結。保狀。傳呈。僧官。道官。充經紀。換代書。考代書。到任禮。點庫房。充社倉。充地保。工程領銀。大小船照。

用印

一用印之時。先看稿上畫行未畫行。次看師爺之圖章。一切文牌號票稿。無稿不行。無行不印。若稿上未畫行。切莫用印。總而言之。不可亂用印。如有不曉之事。叫書辦問明確。方可用印。還要細細查看。稿上可有粘蓋字跡。恐書吏舞弊。大有留心之處。每日所用之印。必得記明時何公事。要設立號簿。防備考查。定要件件過目。最為要緊也。

一凡用印之時，先看申上飭下之分別。平行正印。申上正印。下行惟年月正印。其餘斜印。

凡用印有一定之時候。或晚或早。不可雜亂無章。如有緊要者。則隨時蓋用。不在此例。（公門要略）

凡簽稿套總要由簽稿朋友送來。則逐件翻閱。查對稿正相符之後。如要緊者。即時請印蓋用。如可緩者。則放在一處。俟晚上一齊蓋印。（同前）

查對之法。如官銜及票張上拘犯姓名。即百忙中。都要仔細。（同前）

一用印雖言易事。然干係不小。如遇夜晚燈光之下。切宜小心。凡上行文書。印色要紅潤。必須挑和。不使糢糊。切宜留心。以免漏印。

書冊天印。命案詳冊亦然。若驗屍圖格。面鈐正印一顆。每頁均用地印。有填註傷痕正印。字多連用二三顆。不可漏字。其委實是何身死之處。亦要正印。若繪山水田地各種圖。在當中頂上用正印一顆。若是會銜。用在年月之左右。

一詳文。面上用正印蓋字。背後年月上用正印。接縫腳下用正印。用詳冊印。薄者好用。厚者難用。遇厚者須兩邊墊平。每用一頁印。以小紙一張隔住。再翻用第二頁。如此替換墊隔。不致印色模糊。（公門要略）

一書冊。有格為書冊。面上用正印。每頁騎縫用正天印。

一驗文與詳文同。

一清冊。無格者為清冊。前後頁上用正印。每頁騎縫用正地印。

一冊稿。面上用斜印。隔頁騎縫用斜印。

一連環批。銀數上用正印。年月騎縫用正印。

一解糧米批。並襍款批。與連環解批同。

一催錢糧票。年月用正印。粘單用斜印。
一釘封文書行屬下文書。于釘封處。兩面用斜印。封口上下。
釘封文書係機密事件。在中間二面釘處二印。下行斜印。（門務摘要）
一馬遞公文。年月用正印。有「馬上飛遞」四字用正印一顆。名曰掛耳。封口邊上下角。用正印。
一緝批掛號解犯口糧。均用正印。
一祭祀綾帛上用正水印。底下有「領役陳相」四字。將兩張疊蓋。合用正印一顆。
祭帛上用綾子次用白布。（門務摘要）
一初稿案格卷面上。用正印。接縫用斜印。
一養廉俸祿及各款印領。銀數上年月上俱用正印。底下有「領役陳相」四字。將兩張疊蓋。合用正印一顆。一切會印文書。分左右用正印。
一行屬下文書。批詳等事。該房邊有處頭處。用斜印對號。各蓋半顆。

一各房簽稿簿。及鋪遞號簿。面上註某房處。用斜印。隔頁騎縫用斜印。年月用正印。

一紅簿循環簿每頁騎縫用斜印。年月上用正印。

一出榜年月接縫用正印。串票三連用斜印兩顆。

一試卷面上。中間用正印。背後角彌封處用正印。如學官有印。即在上邊蓋印。

考試卷州縣考試年貌冊子。用正印。粘騎縫印。府考試卷。本官印左。學官印右。（門務摘要）

送學院考試卷。面上中府印。左縣印。右學印。彌封上亦用印。（同前）

送點名單年貌冊。各用隔頁一印。用在上邊正印。（同當）

一關文移文。摺面字上。年月上均用正印。接縫粘單用斜印。

一米票用斜印。

一下行牌札。及差票粘單。用斜印。年月上正印。
一會印一廻照上面用正印。
會審案件。會詳文書。冊面排用二印。內騎縫均排用印。及官封文稿。亦合會用印。本官印在右邊。（門務摘要）
一屍格面頁上面用正地印。騎縫正天印。仵作結上年月上均用正印。
一勘合用正印。
一馬夫船隻車輛務令填寫清楚。
一鹽引每搭上面面截角處。用正印一顆。
一稅契年月上用正印。契尾及銀數上用正印。及業戶契上銀數用斜印。粘單處用斜印。
一申詳各案印結。有本官保領。銀數上用正印一顆。年日上用正印。
收官員印結。有粘連官員親供。鄰里親族甘結。騎縫鈐印一顆。
（門務摘要）
一委員奉憲查城垣查監獄刑具之結。年月上用正印。至縣名上用正印一顆。

一申送總漕之黃布口袋。至本官名字上。蓋正一印。上下護口用印一。兌漕後通關實狀至糧印下用印一顆。

運糧時。申送總糟衙門米樣。用黃布口袋。面上寫某年月日。某州縣。中間糧府一印。右衞千守之印。本官名字上蓋一印。上下合縫俱用印。（門務摘要）

封條上用正印。在正堂字處。（同前）

用串票。元要串簿看過送串若干。對清號數。再用印。用印之時。串要倒擺。印要倒拏。均用正印。用若干顆。隨印隨報數目。（同前）

凡用串票。一面用。一面暗記其數。如此不但可無漏印。而又可查數目是否相符。此等串票。印完之後。尚要別人過數。（公門要略）

每有倒印之弊。多在於串票與別樣文書同時用印。以串票倒用正

印。餘皆正用也。（同前）

紅白稟事由處一印。年月上一印。（門務摘要）

舉人進京會試。赴藩庫領路費。基本人之領結。年月上不同印。

官用保結領結。在銀數上年月上用正印。（同前）

用官封。其口上一顆。不可太低。不過空一線而止。如過低為「露白頭」。不可不知。（公門要略）

凡用印。先用稿。後用正。以稿對正。無漏印之弊。（同前）

若用空白。記清數目。如不用。即行查銷。封印後須刻「遵用空白」「預用空白」二木戳。申上用遵。平行飭下均用預。

遵戳小。預戳火。用於年月之左。自封印起。至開印止。他時不用。（門務摘要）

乾隆五年夏四月。始命各省封印後用預印空白。（郎潛三筆）

用印完畢。須要逐件對過。挨順號簿夾好。統交管稿朋友轉送標判。有官親代者。有師爺辦理者。有用印之人伺候標判者。並無

一定之章程。（公門要略）

（三）標判

一祭祀各廟牌示榜示。或標「敬」字。或「誠」字「虔」字亦可。

一差票標「速」字。

一盜案簽票倒標「獲」字。

一批解錢糧各款標「慎」字。或「護」字。正寫。不可草寫。

一告示標「遵」字。

一批解人犯者標「慎」字「護」字。或判「防」字。要正寫。

一迎接上司。紅批差人出境迎賫。在「須至批者」之下標「升」字或「高升」二字。俱要小楷寫。

一聽審牌示標「遵」字。

一朝賀聖壽及歷代帝王聖誕拜牌標「賀」字。或「慶」字。

一吏房送到任紅告示。標「遵」字。年月上標「印」字。

凡奉上憲曉諭者。裝錄在前。毋得輕用硃筆。（宦鄉要則）

凡各事曉諭軍民人等告示。二「為」字用硃筆點。「各宜凜遵」字用硃筆一大圈。後用硃筆草寫一「遵」字。「右仰」字用硃筆一直。年月用印。日子硃筆標寫數目字。「告示」字「實貼」字俱用硃筆點。「曉諭」字用硃筆勾。（同前）

凡牌上兩「為」字俱用硃筆一點。日子用硃標寫數目字。牌尾用硃筆一圈。下用硃筆草寫一「遵」字。（同前）

凡札飭事件，文面上「札」字用硃筆一點，內兩「札」字用硃筆一點。

凡火籤頂上「火籤」二字用硃筆圈。後「火速」字宜用硃筆圈。內「籤」字二個。用硃筆點。後用硃筆寫「行」字。單紙籤上無「行」字。（同前）

凡考試定期先示長條。而「示諭」字上。用硃筆一點。日字用硃筆大寫數目字。到底下用硃筆一勾。（同前）

凡考試及書院等榜。兩「為」字用硃筆點。又以硃筆寫一大「榜」字。若直寫各姓名。各用硃筆一點。後用硃筆一小勾。若圓寫各姓名。亦各用硃筆一點。圈中以硃筆寫一「中」字。要記上下。「右仰」字用硃筆一直。日子用硃筆標寫數目字。「押」字用硃筆點。「實貼」字亦用硃筆一點。下用硃筆一勾。（同前）

凡解上銀兩。守候批迴。「批迴」二字用硃筆畫二小圈。下用硃筆正寫一小「實」字。解銀差役名字，用硃筆點。公文一角「一」字。亦用硃筆一勾。又以硃筆正寫「封固」二字。日子用硃筆大寫數目字。（同前）

凡各傳牌上。兩「為」字用硃筆大點。後用硃筆一大圈。又以硃筆寫「傳」字一個。「右仰」字用硃筆一直。後用硃筆草寫「行」字。二個「限」「行」字用硃筆標。下用硃筆一勾。（同前）

凡提傳差役內「為」字。用硃筆大點。後用硃筆大圈。再用硃筆草寫「速」字。又草一大「行」字。差役名字。用硃筆標。日子用硃筆草率寫數目字。「限行」字用硃筆標。後用硃筆一勾。被告等名字用硃筆各一點。後用硃筆一勾。（同前）

凡州縣每月武營兵米。并送米票。在「具」字之下。寫一小楷「押」字。又在「須至批者」之下。寫一「實」字。「守候批迴」「批迴」二字上。用硃筆圈。（同前）

凡批解錢糧色米硝磺等件。在「須至申者」之下。用硃筆標判「空白」二字。或「慎」字。（同前）

凡賞格「賞格」二字各以硃筆大圈。兩「為」字用硃筆點。後用硃筆一大圈。再用硃筆寫「實」字一個。「右仰」字硃筆一直。日子用硃筆草寫數目字。銀數用硃筆寫大數目字。後用官銜。斷不可寫行字。如有「押」字。用硃筆一點。後以硃筆草行字。「實貼」字用硃筆一點。下用硃筆一勾。（同前）

凡朔望行香。府中委縣等分行各廟。其懸牌示「示」字上用硃筆一點。日子用硃筆寫。其餘俱不用點不用勾。如批示牌示「示」字上用硃筆一點。批「示」上亦用硃筆一點。後用硃筆一勾。衙役值日牌名字用硃筆一點。後標日子亦用硃筆。餘同。（同前）

凡公出懸牌「公出」二字用硃筆二大圈。後用硃筆標寫日子，「示」字上用硃筆一點。與各懸牌大略相同。（同前）

凡慶賀紅告示兩「為」字。用硃筆一點。示尾用硃筆一圈。又以硃筆標判「慶」字。後與各告示同。（同前）

凡救護日月告示。兩「為」字用硃筆一點。示尾用硃一圈。下以硃筆正寫一「護」字。「右仰」用硃筆一直。「實貼」字用硃筆一點。下用硃筆一勾。餘同前。（同前）

凡祭各廟告示「為」字圈點同前。下用硃筆標「敬」字。或標「虔」字。（同前）

凡大小馬封。大馬封面上。係用印兩顆。不用硃筆標「封」字。

小馬封下面無印。其兩角必須用硃筆標「封」字。後面祇標日時。一件「一」字。用硃筆點。「限某日」字上。亦以硃筆點。下用硃筆勾。（同前）

凡封條某月。用硃筆點。日子用硃筆寫數目字。「封」字硃筆圈。（同前）

凡差票無論拘人犯并催錢糧。俱用硃筆判「速」字。（同前）

跑遞公文票。用硃筆判「飛」字。（同前）

祭文廟懸榜。用硃筆判「照」字。（同前）

執照用硃筆判「照」字。（同前）

委牌用硃筆釗「實」字。（同前）

禁約告示用硃筆判「實」字。（同前）

齋戒日期并懸牌。開封印信及到任紅示。與示審一切案件。「曉諭告遵」。上行告示「行文飭辦」等類。俱用硃筆判遵字總之凡用硃者，如牌票札籤用硃。札用硃勾。懸頭門牌用硃勾，諭帖用硃落勾圈。批狀紙名字用硃點。批尾用硃勾。大抵行下者俱用硃。凡遇人名處用硃點。「照」字「札」字「告示」字「諭」字「為」字「限」字「實貼」字俱用硃點。「毋違」字硃圈。「凜遵」字硃圈。「右仰」字硃筆一直。「遵」字硃寫。「行」字硃寫。其大致如是。臨時須細斟酌。(同前)

凡移文移封。俱用墨筆寫日子數目字。凡奉上行下各抄牌。亦俱用墨寫。切記勿用硃筆。其餘如咨文不用硃詳文不用硃。平行及詳上者。俱不用硃。(同前)

今外省官行事曰判行「行」字硃寫。今官府判行者用墨筆。已行者用硃筆。按北周蘇綽傳綽每判事硃出墨入。是即硃墨筆之所由始。(隨園隨筆)

標判之事。原係代官之勞。不可輕動硃筆。除簽套應辦外。非奉諭斷不可輕動亂用為要。如簽套一經交到。將各件查對一遍無錯。再行過判。票上列拘之犯人姓名。尤為要緊。不可添註塗改挖補。

諺云堂上一點硃。民間千點淚。執事者可不愼哉。至標硃款式。下筆處宜不輕不重。總以酌中而行。（公門要略）

署中翰墨。不能不假手親友。至標吏辦稿。籤役行牌。雖公事甚忙。必須次第手治。若地處衝要。實有勢難兼顧之時不便留牘以待。則准理詞狀。即付值日書吏承辦。應差班役。可於核稿時塡定姓名。總不可任親友因忙代筆。開夤緣賄託之漸。（汪輝祖學治續說）

稿案判行。差票過硃。斷不可假手於人。雖至親好友亦不容少為通融。非謂權不下移。謂親友可假。則無人不可假。而門印書差。可以生心作偽矣。又差票案情不一。或按班輪差。或因人器使。一出官手。人無問言。假手於人。必多物議。蓋實有串通門印。行求差票者。不可不思預防其弊也。（何耿繩學治一得編）

掛號

一掛號之法。預備號簿四本。一本「江」字。二本「山」字。三本「千」字。四本「古」字。將江山千古四本·作為總簿。

一另預備號簿數本。角上填寫「趙」「錢」「孫」「李」頭。如趙姓告狀。即掛趙姓號簿上。

一總簿上俱要載明號數。總依初詞姓名為主。

一掛號畢。即將副詞抽下。另釘一本。作成號頭。如一號至一百號。挨次疊成本。安放簽押架上。防後催差催案。

一書差稟帖。均要歸放一處。倘查某案某事。先將總簿一看。後查某姓某案。便可易尋。

一號某鄉某人。某保甲。某主謀。某被告。某人具控某事。承差某役。經承書辦某房。

一號如紳士婦女告狀。若有報告。號上要掛明某人某批云云。

一每號空紙幾頁。防後又來具訴。以便登記。

一兩造催審。若無別枝情節。不必摘由。只掛某月某日。承差催某役。經承書辦某房。某批云云。

一竊案未曾拿獲賊盜者。只掛某事。失主某人某姓。某月某日承差某。經承某。書辦某。批云云。若拿獲賊犯者。即將要案摘出由掛號。空紙幾頁。方好隨續登記。

一門毆驗傷事件。必要將驗傷記號。載明原告某人。具報某人。見證族鄰地保某人。某案批云云。

一上憲來往公文．並平行關文移文。及下行牌票。書差稟帖。各款雜事。必要各立號簿掛記。以便稽查。

一掛某月某日。因事。某處某都某人。稟退地保。不應辦差。准釋歸業。批云云。

一掛某月某日。某部。某事。某戶某人。某保舉某人承充地保。批云云。

一某月某日。奉到某憲公文幾角幾件。為某事由。
一某月某日。某人稟詳某事。公文幾角幾件。
一某月某日。因某事遞到某縣公文幾角幾件。
一每逢放告期呈詞共收若干須先登記簿上。然後分送刑錢。

刑名應管事件如 封贈 廕襲 官員 貢監 官結 考成 祭祀
人命 盜賊 偷竊 翦綹 姦情 拐帶 詐騙 逃逸 叛逆 忤逆 搶
奪 鬥毆 賭博 鴉片 窩娼 私梟 私宰 會匪 訟棍 邪教 謀害
私鑄 私雕 墳山 風水 爭斷 鄉飲 保甲 停柩 伐塚 驛站 鋪
兵 偷渡 放火 越獄 拒捕 失火 丁憂 起復 節孝 建坊 銷燬
制錢 蠹役 強豪 假印 通緝 遇風擊船 投充 安插流犯 強行嫁
娶 典僱兒女 僧道冊 內地人出洋回籍 樂舞生 諭旨 大計 蠱毒
丟包 酒醉逞兇 扒城 犯夜 保題保留 議敘 捐納 文憑 揀選
上任 委用委署 試用 紀錄 科場 書院 旌表 限期 加級 恤贈
武闈 軍機 終養 告病 降革 秋審 匿喪 遷穴 閱城 買妾 買

婢　盜砍　結盟　結會　光棍　開剁棚廠船照　鄉總鄉練
　錢穀專辦事件如　奏銷　地丁　錢糧　稅契　關稅　採買　糧米
社穀　出借額穀　兵餉　魚課　酒稅　學稅　貢品　鹽課　雜收　引費
災賑　孤寡口糧　承追　承辦　爭產爭賑　抗欠　囚欠　囚衣　囚糧
錢債　捐修　廟宇　交盤　編審　報墾　漕糧　交代　救火　器械　盤
查禮物　補撥坍陷　建修工程　墩台　營房　刑錢年終彙奏　晴雨　糧
價　收成分數　支給解款　各社副長　一切交代　隱匿　驛站　鋪句
一切差務銀兩　穀米出境　拆毀城垣　育嬰堂　毀棄器物樣稿　盜買盜
賣　擅食人地瓜菜　一切水利　賑濟飢荒　採買銅鉛硝＝磺

　會辦事件。如遇田土事件相爭打傷。赴驗則歸刑名辦理。如發出歸吏禮兵刑四房之事也。一切詞狀。及軍流人犯罪名，是戶工之事也。一切穀米銀兩開銷。查例則知。更有軍機大事。歸兵工二房同辦。吏房事繁多用雜款。此亦刑房兼辦。當分上下邢錢也。刑者上憲下屬分辦。錢者正雜分款辦之。若是衝繁之缺。如有鹽務。則歸鹽政辦理。船務則歸船政辦理。

有關咨部事件歸上刑上錢辦理。其下刑下錢。則無關緊要零星之款。（長隨論）

刑錢交涉事件。每多分晰不清。以致爭競。夫刑錢之分。須視其告者來意為著何事。如意在爭田房。索錢債。交易稅契等類。內有一二語牽涉鬥毆無傷。賭博無據。以及別項不洗之事。並干連墳山爭繼者。皆歸錢穀。若告鬥毆奸偽墳山爭繼婚姻及有關綱常名教一切重事。詞內有錢債應追田產不清等類。應歸刑名。至驛站錢糧馬匹差使應付解餉運銅採買估變牙行客欠行銷茶鹽鼓鑄制錢。一切有關錢糧水旱。並修理工程之事。概歸錢穀。其驛站公文遲延。勘合錯失。引鹽硝磺過境。遞解人犯差員。及過往官員。患病監犯。軍流口糧。並居限起解遣配人犯。內有應追錢債。應變房產。與夫官員到任。履歷謝稟。級紀參罰。丁憂告病病故。鄉飲。請旌誥封廕襲。名宦鄉賢。考試書籍。義學捐官。在籍紳衿事故。保甲煙戶。庵觀寺院。陰醫僧道。書役門軍。禁卒更夫。一切巡查防範。整飭風俗。宣施教化之事。統歸刑名。其刑名案內有支銷錢糧者。如監犯軍流口糧。節孝建坊銀兩之類。又應開單知會錢穀以便彙報。不可彼此互推。以一詞而前後分辨也。（辦案要略）

應掛號之件。均由簽押管稿朋友送來。一經送到。即先翻閱一編。擇其要緊者先掛。發交管稿朋友。其餘再為逐漸登記清楚。一齊發出。如遇通詳通稟之件。留後查對。毋再登記。（公門要略）

片紙集字。總要稿正相符。不但申上文書而然也。再上憲以及本官之銜名。最為要緊。其餘差票中列拘之名字。亦不容挖補塗改。（同前）

查對申上之文。如通詳通稟。總要三四人方能對讀。或邀朋友相幫。或令該書辦進來亦可。對讀之後，再查看一遍。發出始能放心。（同前）

發出之件。均要交簽押管稿之朋友。不可錯發。並須照號挨順。點清爽好。莫要錯誤。（同前）

內圖章只可一個。凡師爺掛號者。正遞師爺蓋用。簽押掛號朋友或照樣刊刻一個備用。亦無不可。（同前）

掛號完畢之後。可於號簿內月日下截一紅圈。為自己暗記。師爺掛號有內號圖章。可蓋簽押。（同前）

應催之件。須隨知會管簽朋友。一面發條查催。如遞解人犯。以及護解錢糧回照。尤為要緊。（同前）

完結之案。應徹銷差票。此等徹銷票張。係存銷。不可發房。（同前）

遞解人犯。以及護解之錢糧回照。銷號之後。應發房歸卷備案。（同前）

凡有呈稟。須要先將副狀抽存。然後分門別類登記。此為號件之根。如新呈則登新號。舊呈則須歸舊號。（同前）

呈內批語。摘其要緊字樣記之。不必全錄。以避繁冗（同前）

每逢護送錢糧人犯者。核其往返日子。掛號處務必不時稽查。催其回照繳銷。發房存案。（長隨論）

命案以報官日主將來扣參限之用。兇手係何名。有何傷痕。均要逐一記清。（公門要略）

盜案搶案。以失事日主將來扣參眼之用。贓物若干。賊匪幾人。是何地名。是否白晝。抑係夜間。問幾更時候。是店是壁。抑係攔途。均須記明。（同前）

凡盜案報到。即會營往勘。係城中或係鄉村。營汛遠近。有無鄰居。事主住屋幾間。坐落方向。從何處入門。何處搜贓。何處出去。或係明火執仗。撞門毀戶。抑係逾墻撬壁。臨時驚覺。行搶入室幾人。會否塗面。如何言語禁嚇。有無捆縛毆打。初時事主可曾喊叫。鄰右可曾聞聲。去時可曾挾架事主。道路可曾遺有器械油捻。取供估贓。勒緝通詳（學治一得）

掛號要簡明。字最多者。不過三四行而已。（公門要略）

從前號簿之外。再備單記一本。以備事忙。隨乎於單記簿上登記一筆。俟閒暇再為謄寫。掛號一道。能將公事分得清楚。將來公事不難出人頭地。大凡公事上美差。未有不由掛號上經過者。不可以煩碎生厭。（同前）

應立各簿　懸牌示簿　上憲公文簿　平移公文簿　摘登要件簿　摘登舊案簿　報解錢糧簿　新舊呈詞簿　硃單內票簿　新票號簿　各屬書札部　遞解犯人簿　命案簿　盜案簿　雨晴月報簿

掛號一事。多視為末節。不知州縣公務頭緒繁多。凡一應正雜錢糧文移牌票。各宜立簿稽查。俱須登記明白。乃百事之條目。庶務之綱領也。必擇其熟練精細者。為之職掌。分門別類。眉目畢清。然後事之應行應覆應比應催者。一覽可查。均得依期完結。按限督銷。而書役混矇之弊。技無所施。掛號一項。又不可不重其事也。（欽定州縣事宜）

監獄班房

一令刑房開進更夫監卒看役姓名單。

一官到任即令刑房備送監犯簿。令他註明罪名案由。接印後。即要查監獄。須同管監朋友並捕廳。照冊點名。查看刑具是否堅固。墻垣有無損壞。論令禁卒人等。加意小心防範。（公門要略）

一令刑房備送班房號簿。每日新收舊管若干。開除若干。每日令送進。標硃過目。

一令刑房備送賊籠號簿。新收舊管若干。開除若干。每日送進。標硃過目。

一令刑房備送每日過境之犯人。務要查請文上名數。即喚值日書差同去點名。並看刑具齊全否。又看紅衣紅褲齊全否。如若齊全。方可將犯人收監。務要令禁卒小心。若過境之犯人紅衣褲刑具齊全。即將廻照給交來差。倘刑具紅衣不全。即扣來差廻照。不給與他。

凡遞解人犯。飭房照票驗明箕斗。有無妻孥。有無疾病在身。標明收禁。如有銀兩。應飭加封核對無訛。發房繕辦轉遞文書。有應付等件。照來文發付。（公門要略）

鄰省遞籍人犯。一面發遣。一面關會原籍。並知照經過地方官。無論長解短解。遵例加差薦遞。（學治一得編）

凡遞回原籍人犯。如係特旨及徒犯。徒罪以上。援免解交地方官管束之犯。經過州縣。仍照例收監外。其笞杖等輕罪。還回安插者。承審衙門。於遞解票內註明「不應收監」字樣。前途接遞州縣。即差役押交坊店歇宿。取具收管。（學治一得）

凡解審軍流以上人犯。令州縣酌量地方情形。如有相距在五十里以外。不及收監者。先期撥役。傳齊地保。知會汛兵值更巡邏。（學治一得）

一令刑房備送遞出過境軍流徒犯每日號簿。

一要多頂備手銬腳鐐。務要堅固。防急用。

一收押人犯。日間總要時常查看刑具。

凡強盜十惡。謀故殺重犯。用鐵鎖扭鐐各三道。其餘鬥毆人命等

罪犯。以及軍流徒罪等犯。止用鐵鎖扭鐐各一道。笞杖等犯。止

用鐵鎖一道。（何耿繩例案簡明）

凡監管監獄班房。每日收封。總要起更時。不可忽略。必須管監

朋友在外看守。進門之時務要隨時關閉。恐混出入。及至號內。

即飭經承挨次點名答應。細驗鎖封刑具。有無損壞。查點禁役更

夫。是否如數。吩附巡邏。切許賭博滋事祭獄神日。以及年節。

更要留心。（公門要略）

一犯人遞解過境。必須要親自前去提監。備文移營。撥兵派差。點

名辦解。發給人犯口糧。令差役取廻照銷差。

進監提犯。隨手關門貼封。查禁卒有無私開鐐銬。應嚴禁牢卒不

許作弊。其犯人內有不服約束。亦須回官處治。（公門要略）

一官當堂交管押人。或上憲發來人犯。或捕快拏捕人犯。管押之時。自己與刑房必要親自送監卡收押。並要吩附看役禁卒。時刻小心。

禁卒商同老犯。勒詐新犯銀錢。名曰進監禮。或無孝敬。即用私刑。如紙捻通其陽物。種種弊端。俱令人難受。又不見傷痕。一切全在我輩明察暗訪。（公門要略）

一每夜定更時分。親自帶同三使刑房至監卡。令刑房照人犯簿點名。須防假冒頂替。叮嚀看役小心火燭。查畢封鎖。犯人等挖牆越獄逃走。更要防備。（長隨論）

一遇監獄班房賊籠人犯患病者。看役具稟。賊籠喚馬快。監獄喚禁卒。將稟帖呈官閱判日。將稟帖帶交簽稿房。送刑錢處批。

押犯如有患病者。即著看役將病症稟明官府。恐有錢無病。看役貪利。代為揑報。無錢之犯。真病置之不理。隨時看其情形。如果病重再稟。抑或回明官府。吊卷核奪。可否釋放。（公門要略）

徒罪以下人犯患病者。獄官報明驗看。取具的保。保出調治。其外解人犯。無人保出。令其散處外監調治。病斃督撫題報。將本犯所犯何罪名。所患病症。及有無凌虐。曾否保釋。逐一聲明。（學治一得編）

一監獄班房賊籠人犯病斃者。令看役禁卒具禀報明請示。或捕廳相驗填格。或本官相驗填格。驗畢。令差役預備爆竹。排衙內閣。

一每日發給賊籠人犯之粥。務要親自過目。散給人犯。防看役剋扣。犯人等親眷送來水飯。以及各物。務令禁卒搜檢。恐有夾帶繩索鐵器等物。如失於檢點。其害非小。（長隨論）

凡押解秋審招審人犯。出監入城時。須令解役留心防範。恐其親丁假送。暗遞藥物。藏於飲食之內。（公門要略）

獲犯到案。並解審發回之時。當堂細加搜檢有無夾帶金刃等物。並嚴禁禁卒。不許將磚石樹木銅鐵器之類混村打人。如有買酒入監者。將禁卒嚴行責治。（學治一得編）

一冬天備辦草鋪。夏天放出籠外歇涼。夜間仍然收進籠內。夏天須與門友言明。賞給草席藥茶。冬天賞給舊棉被襖。回明上人。與不與隨上人。（長隨論）

一官當堂開釋人犯。定要察明卷內保狀之輕重。如案重無保狀。回官亦難開釋。

禁獄重地也。雖在初任之官。亦知當嚴鎖鑰。謹啟閉。高牆垣。動巡邏。無敢怠忽從事。然而禁獄之防範。固有不止於此者。如初獲繼獲盜犯。未經審確成招。則獄中隔別宜嚴。恐其共繫一處。串改口供。謀扳良善。如重囚兇犯。自知必無生理。則其衣被柴薪送入禁內者。更宜嚴加搜檢。恐其夾帶筆墨兇器。以防意外。如逢年過節。禁卒貪飲致醉往往疏虞誤事。更宜嚴飭小心。防其竄越。至於圓扉之內。百弊叢生。或內外關通。將錢賣放。或聽許財物。鬆其肘鐐。或因官公出而乘機縱脫。或挖穿牆壁。而偷空使逸。欲掩其賄縱。或將頭顱打傷。稱為反獄。欲就其輕罪。

或云偶爾睡熟。失之不覺。若非稽查之嚴。鮮不令其朦蔽。再狠心獄卒無惡不作。往往有詐索不遂。凌虐致死者。有仇家買求獄卒設計致死者。有夥盜通同獄卒致死首犯。以滅口者。有獄霸放債逞兇專思坑貧。因而致死者。有無錢通賄。斷其供給。以致凍餒瘦斃者。有囚病不報。待其垂死。而遞病呈。或死後而補病呈者。種種慘毒。均宜嚴加察禁。（欽定州縣事宜）

差總

一官到任。令工房出票。趕辦床鋪桌椅箱架等項。要用若干。必得回明賬房。平常取用物件。總要呈官標判。如物件取回。將票呈官標銷。

一查前官移交木器若干。如不敷用。即知會賬房續添。

一傳裱糊匠。收拾裱糊房間。

一傳土工匠人。修築圍墻等事。

一發給匠人飯食。自己開出領條。令三使賬房去領。得閒總宜自己去領。

一令兵房夫頭開送夫馬價。及船行單子。夫頭開夫馬單子。船行開水腳單子。水旱路令他註明里數。

一出門拜客。先將執事頂備。急喚齊民壯火班伺候。如有跟班馬。即令把門差役。喚馬牌子備馬。

一差事過境。前站郵差一到。速急呈官看過。將郵信送交書稟寫信。轉郵前途。或送簽稿轉郵信亦可。

一郵信發走。即知會賬房。如旱路。令預備夫價。如水路。預備水腳若干。

一知會廚房。預備酒席若干。上席平席水席。照前辦理。

一回官派流差朋友。前去探聽迎接。

一派流差朋友。預備公館。辦理床鋪棹椅燈綵字畫執事等項。

一水路差事。令船行多預備船隻。如擼船喚兵房出票簽差。須防差役舞弊賣放。

一陸路差事。令夫頭多預備夫馬若干。

一探聽差事臨境。趕緊請官前去迎接。即速傳齊吹手礮手伺候。

一令流差朋友茶房碼頭處聽候。

一喚馬快差役。好移動聽候。

一知會賬房備辦船錢水腳。陸路預備夫馬。

一知會預備上水船縴夫。下水船預備添搖櫓夫。

一知會賬房預備隨封門包。送下程禮物。

一開船頭令吹手礮手伺候。派朋友護送。令擺水對開道。至兩三里路。差船上有人叫免。方可撤對回署。

一回明本官。要出境護送。護送到省。稟安辭。

一陸路差事。定要問明前站宿站何處。如有站。先要派流差朋友前去伺候。預備伙食茶點燈綵天官對聯鋪墊火把油燭等項。令廚子前去辦理。

一上憲委員動身回去。隔晚將夫頭喚進署內。發領夫價。令辦夫若干。吩咐某時齊集伺候。毋許遲誤。

一發站夫工食銀兩。須要查明夫數若干。將領狀送交錢穀去批。或送賬房批。以批准照發。

一迎春接詔。先將執事預備齊全。交禮房分派差役收執。盼咐辦理勿悞。

一令兵房開進夫頭夫行值月值日單子。

一貢使過境。即請官去拜。隨即知會廚房。備辦酒席供應。隨派馬快前去巡更守夜伺候。

一貢使起程。備文移營撥兵。派朋友差役護送。令取前站廻照銷差。倘申報上憲。要貼印花。京鉛—奏摺黃本—硝磺—白蠟—龍衣—顏料—俱要驗明觔兩。貼印花。均要派朋友差役。移營撥兵護送。照郵單給發水腳夫馬。

一漕糧錢糧船過境之後。將數款均要申報上憲。

辦差之道。最難之事。一要心明。二要膽壯。若過卑微。恐為人所嗌。若過驕矜。恐遇事掣肘。先揣官之接交。次揣來差之情性。遇緊急而勿忙亂。調度得宜。水火不避。凡差照上站來信。傳到下站。自己先發長探。後發短探。並分別派事。以免彼此推諉。不怕差事難辦。只怕門上不能擔事。官府有鄙吝之心。雖有才幹。亦無法措手。（公門要略）

一凡日月蝕。先回官山票。着陰陽學預備水缸應用之物。傳僧道。喊地保。預備棹凳。及喚齊民壯等役。

（四）差　房

一官逢朔望行香坐朝拜牌求雨求晴護日護月祭祀等事。必須隨帶茶登擔鋪墊。頂備棹凳茶几茶點伺候。

一差事郵到。必先束裝乘轎前去。如水路坐一快船。隨帶一差役前去。身帶官銜手本。探聽迎接。如其接到上官手本。並打聽船幾號。上下人等若干。上水平席若干。有無門包隨封。水脚若干。探聽確實。寫一清單。着差先行回署報信。以好官出境迎接。

一公館碼頭。辦差照應。必須預備燈綵。搭碼頭。隨帶差役伺候。

以便呼喚吹炮手勿誤。水陸道路。俱要執事。執事吹礮手響鑼迎接。

一送差事動身起程。吹響礮開鑼喝道。擺執事。伙食船並要裝回鋪墊碗盞執事等項。

一遞解軍流遣犯人過境者。必須查明刑具紅衣褲齊全否。

一移營點兵辦解動身。查明人數。一路小心留神。解到投文。親押犯人進城。恐其人擠之處。切勿大意。落店吃飯。路上大小便。必要跟隨。如府省進城。喚齊差役知道。恐其司院過堂。必親自前去照應。

凡部發遞解。及外省解部。並解別省軍流徒罪發回安插人犯。預差官員。務選有家業正役差送。如人犯中途患病者。原解取結方免議處。即報明所在官司。驗明出結。即著該地方留養。候病痊

起解。仍將患病日期報部。（學治一得編）

管號

一跑夫務要挑選年幼之人。老弱帶病之人。不准派他上路。
一要查明馬匹若干。要驗明馬匹年齒。看馬有病無病。而馬夫喂料。必要自己前去過目。方免馬夫剋扣馬料。
草宜鍘碎。向例一馬十觔。三麩三料。應喂養均勻。吊蹓適當。
（公門要略）
一早晨將馬放青。不可放遠。須防緊急火號。
一要驗明能跑三百里五百里者。各有幾匹。而老弱之馬。只可平常。
一查明馬匹。可能彀用不彀用。如不彀用。回官採買。
一令兵房開送鋪長房值日單子。問獸醫何人。
一令兵房開送棚頭跑夫鋪司姓名單子。
一令兵房開送上下驛站路程里數單子。

一馬王聖壽。早令兵房出票。調班子。搭台唱戲。

馬王爺聖誕。六月二十三日。只用羊祭。不用豬。（公門要略）

一馬王聖誕日期。並每月朔望。先穿衣服齊整。伺候本官至號行香。

一遇火牌夾板奏摺差事到時。毋論日夜。必親自過目。切勿疏忽。即令兵房鋪長房立速抄號。令廚房開飯。務要查明件數。看幾包幾件。有無擦損破爛。再者伊處來文。有無擦損字樣。再查所限時辰日子誤否。如來文誤了時辰及擦損破爛者。當時即給他廻照上批記破爛等情。某時到。誤了若干時辰。此等批記。最為要緊也。

一令馬夫即速備文備馬。轉送前站。均莫遲延。如三百里五百里之公文。定要預備雙馬雙人。謹防前途疏忽。

往來軍需火牌。差使到號。即抄明勘合。度其緩急。應付馬匹。如差使可緩。與來差商議包扛。只備夫送。（門務摘要）

按凡緊急公文。俱加外封。正面印就某官某姓。內封緊急公文。仰沿途驛站鋪司星馳飛遞某官某姓告投。毋得遲延擦損。致於挨查重究。不貸。速速。臨投不去外封字樣。其印信用於上方之左角。及下方之右角。與普通文書不同。背面正中某年某月某時上端右旁註內若干件。下端右角自某處發。左角限日行若干里。又或正面為某官某姓內封緊要公文。仰沿途馬夫星飛遞至某官某姓告投。毋得外錯遲誤。致干杳究。不貸。臨投不去外封。或某官某姓內封緊急公文。仰沿途驛站夫馬。毋分夜雨星飛遞至某官某姓衙門告投。毋得擦損雨濕。倘有片刻遲延。定行挨查重究不貸。火速。飛速。臨投不去外封等字樣。不過文字繁簡略有不同耳。其至急者於公文封上另粘排單一紙。令按程登註時刻。其制以麻呈文紙印藍色字。縱一尺餘。橫二尺餘。並於年月上用正印。騎縫上用斜印。若京中之於外省。則外附火票。其制用麻呈文紙印黑色字。縱橫見方約二尺許。奉文之衙門收到公文後。並應具文呈繳。今據所藏單票之式。坿列篇末

一馬夫遞送公文同號。定要自己過目查點迴照。看往前站誤了未誤。

途中有無擦損等情。

一跑差同號之馬。令馬夫牽去遊蕩蹓玩。

往來差官。須要和顏款待過境。論交情為之。（公門要略）

上下速站。例應兌槽。聲氣相通。彼此關照。發探差使。宜派能幹之人。（同前）

相待來差和顏悅色。善為說辭。不可得罪。以免中途傷損馬匹。（門務摘要）

管倉

一管倉之事。宜小心火燭。毋許閒人住宿。

一早晚查驗封條。如有破爛。隨即開查看。看畢封好。

一兵米倉老。每月發兵米之時。必要親自過目給發。再查明大小建。當即接銷存查。

一要知進出若干。還存若干。留簿登記數目。

管倉於接收交代之處。厫內地面。柱脚瓦椽。件件過目。俱要齊全。若傷損。務令舊任修理。當官切勿容情。如有疏失。日後官府升調。亦要件件交代下手。必致多費口舌。（長隨論）倉內穀米。俱要乾圓潔淨。無有霉爛發熟。逐一稽查明白。其每石作米五斗之外。方可收受。倘不敷五斗。須要回明官府。聽其裁奪。又或平糶散賑等項。每逢上場。要自己調度。務使朋友匀霑實惠。（同前）

交代先問倉房。開例額收。如何規矩。各項務要自己肚內明白。（同前）

另擇吉日。官府開倉較斗。先拜倉神。次喚解役。將鐵斛較平。又復倒出。仍將綠豆灌於斛內。木本斗兜內。將綠豆較准。木鐵二斗相同。沒有大小。如此二三次。若較出大。問倉房斗級。向來如何。然以由大可以推脫過去。若較出小。則將木斛週圍細細查明。如上手作弊。平日放大。臨時收小。若是此種弊病。查出

必究斗級倉老。若查不山。看與斗小幾合。通盤計算若干。穀石每石補穀若干。問舊任補足可也。（同前）

新任盤倉之際。先填潔爭一倉。以便盤倒。（同前）

盤倉新舊任各立號簿一本。或收交穀五十擔。即登號簿。已收交五十擔。兩相蓋用圖章。不致混亂。夜間停介盤穀。領出封條封上。新任已盤之倉。門上粘記暗號。舊任未盤之倉。亦門粘暗號。以免小人從中作弊。（同前）

燥天舊任要盤。新任定然不盤。如陰天新任要盤。舊任定亦不盤。只好擇好天無風雨。兩相情願。始可開倉也（同前）

交盤倉穀。不拘新舊任朋友。先為看明其斛是官斛否。內恐新任砌去分寸。舊任層添底板。新舊任朋友。先為看明。始可盤倉。不然為害不小。斛內若有弊端。回明上人。另請新斛。（同前）

新任交盤開倉之際。先掃其浮面鼠矢。後另揚爭。盤完倉底。亦有粗糠沙石。亦須搧淨。方可落斛。（同前）

管倉之斗級。不可任意罪責。倉穀盈絀。全憑他手中輕重。內中弊端不少。則此等之人。應結之以恩。（同前）

設積貯於民間。社義二倉尚已。然行之不善。厥害靡窮。官不與聞。則飽社長之橐。官稍與聞。則恣吏役之奸。蓋貸粟之戶。類多貧乏。出借難緩須臾。還倉不無延宕。官為鉤稽。吏需規費。筦鑰之司。終多賠累。故屆更替之期。畏事者多方規避。牟利者百計營求。甚有因而虧欠。僅存虛籍者。此社長之害也。其或勸捐之日。勉強書捐。歷時久遠。力不能完。官吏從而追呼。予孫因之受累。此捐戶之害也。此等良伕。固不宜因噎廢食。究不容刻舟求劍。欲使吏不操權。倉歸實濟。全在因時制宜。因地立法。舊有捐置者。務求社長得人。為之設法調劑。捐戶如果無力完繳。亦不妨據實詳免。若本夫捐設。斷不必慕好善虛名。創捐貽患。（清汪輝訊學治續說）

奉行猶未能盡善者。一在州縣之畏賠累而不肯任事。一在上司之多拘執而不知變通。蓋米穀非銀錢可比多貯一日即有一日之折耗。盤量一次即有一次之虧賠。故州縣每幸數目之少而不樂於多貯。又恐出入之繁而並停其糶借則有名無實之弊見矣。又如存七糶三出陳易新最為善政。然必當青黃不接米穀價昂之時。照市價量減二三分出糶。但使不致缺乏。自然價值漸平。又必乘秋收米多價減之際早為買補。或令民間以米穀抵納錢糧。將糶價撥補。則於原額不但無虧。亦可稍得溢餘以抵折耗之數。乃於其糶也必詳請再三而時已過矣。又必多減價值而數已虧矣。及至秋成。則原銀既發。稽遲而不得秉賤以收買。糶價層層駁減而不問市價之低昂。於是有司病其苛刻。往往延挨推卸。或仍折價存庫。一旦需用。倉廩空虛。所由然也。（欽定州縣事宜）

管廚

一凡管廚房。實是煩難之極。務必自己調度明白。不可因小而失大。

或下鄉每日伙食若干。多少不定。不可概而論也。

管廚房最難之事。或省儉者。同事中抱怨。如或稍為豐盛時。上人責罰多償。此名為臭水缸。總而言之。以每日應用之資。騰挪調度。上可以免責。下亦無怨。豈不兩全其美。然亦官府待人。不可一律而論。其廚子火夫。亦當寬待之不可過於威嚴。留己人之地步也。論署中間住朋友。切莫心焦生怨。（門務摘要）

一肉米油炭等物。原有官價。亦是各縣有各縣規矩也。

行戶當官。最為惡習。職司民牧。首宜嚴禁。但州縣衙門。所有日用食物布帛等項。往往有概不依照時估。十而予以西五者。亦有勒派取用。並不發給一錢者。短給而稱為官價。白用而號為當官。以致行戶賠墊。賈販吞聲。官既喜其省錢。役亦樂夫中飽。（欽定州縣事宜）

境當孔道。酬酢殷繁。器用食物。間有官價之名。或取自鋪戶。或供自保役。非攤派即墊賠。原非善政。然陋習相仍概予裁革。

轉恐事多棘手。此宜量為節制。可已則已。萬毋任令小幕客漁利。家人借端勒索。致民力不堪。激而上控。（注輝祖學治續說）

一朋友之中。要些椒料等物。即可任其取用。不可惜些少之物。致令人怨恨於心。

一應預先開列菜單。至難於湊盌時。好喚研司面商。廚房能作此菜者。方好開單送官閱看。

清閩人謝金鑾教諭語一書有云。「左右使喚之人在官者曰門子曰長班也。每州縣門子一二人長班一二人。極其足用矣。非此輩無非無儀。只任呼喚。亦極利用。倘本官素有家僕信心可賴者。攜為官用。未嘗不可。然豈能多哉。今之所謂爺們可用者百不得一。官無主見。妄為收攬。則亦聚無賴之徒以自害其身而已。」又云。「內幕先生有刑名有錢穀固矣。乃有案總。復有錢糧總。有錢穀復有徵比。有書禀號件。復有紅黑筆。中缺衙門。必須矯攝。不能全備也。然此猶幕賓之區別。其來已久。

今乃于爺們中依彷此例。甚則名目更多。如曰門上。曰簽押。曰跟班。曰介場。曰稅務。其所分已不少乃即門上一項。其中多至七八人。或十數人。其中又分門類。則曰案件也。錢糧也。呈詞也。雜稅也。差務也。執帖傳話也。即簽押一項。又依此分之。其中名目更多。且竟添出號件書稟二項。其稱號與幕友同。而職事則更多于幕友。凡此頭上加頭。腳下添腳。直以官為戲場。自取粉淆而增弊竇。以虐民害官。求其必敗而已。」按謝為乾嘉時福建安溪學教諭。由此觀之。則長隨之勢。於乾嘉以前。尚未大盛。其盛也。蓋自嘉慶以來。清善化瞿彤芸先生公餘瑣記。有記長隨趙三者一則。文云「趙三山東人。某令之司閽僕也。性貪而詐。又最兇暴。令倚之如左右手。且畏之甚。每聽訟。趙視賄之多寡為軒輊。預戒令某曲某直。當釋某杖某。罰某金。錮某於獄。令唯唯。事無巨細。必委曲如命。間有受他人囑託。與趙意相左者。欲調停兩可。亦必婉商之趙。或少拂趙意。輒惡聲相加。甚至批其頰。令不以為辱。反笑慰而仍從之。己之考成不顧。民之寃抑尤不顧也。無何。撫軍聞趙惡蹟。謂令縱容家丁。將登之白簡。方伯與令有舊。為之緩頰。極言趙招搖納賄。令實不之知。請以訪聞逮趙。無遽為令罪。令又袒趙自引咎。方伯誡令無護前。令不聽。且揚言甘心褫職。不受上臺挾制。任趙如故。撫軍怒。卒劾之。令解任後。貧不能舉火。趙不之恤。擁厚貲潛逸。人皆疑某令即暱僕。何至受其愚弄始終不悟。」蓋小人工於顯勤。巧於獻媚。及主人墮其術中。而後任所欲為。肆行無忌。故長隨論云「更有一種。自幼不務正業。遊手好閒。以致流落江湖。勉強充作長隨。不識臉面。狐假虎威。終日成群結隊。飲酒打架。賣弄風情。用心迎合上意。或以妻子少艾。打扮妖嬈。攜帶身邊。官府被其迷惑。以便從中取利。此輩不遵法度不顧廉恥。貪財嫉妬。設計傾人。敗壞吾輩聲名。設使薰蕕不辨。則清濁無分。」然未有如趙三之甚者也。此外更有劫之以財者。則所謂帶馱子者是也。清采蘅子蟲鳴漫錄云「官貧不能抵任者。覓長隨借銀。製冠裳。備舟車。凡一切費。皆取給焉。隨往署中。派司閽。任重事。數年間。清償子母外。傭值必加豐。謂之帶馱子。取馬騾負重之意。世人訛馱為肚。此輩多有恃財傲上。難保其終。」清汪輝祖學治臆說。謂「此等人既有挾而來。必攬權以逞。辭之則負不能償。用之則名為所敗。」誠嘅乎其言之。又按清代開捐時。京師金店。皆有捐櫃。捐官者率託包辦。其向金店借貸而出貲者。雖有妥保。亦恆由店中薦與長隨。而司其出納。此等長隨。更較製冠裳備舟車者為橫。即明知作弊納賄。而不能制。又清世宗欽定州縣事宜論胥吏之好云。「赴任之初。迎接跟隨。皆是窺探之計。即任之日。左右前後。無非伺察之人。家人親友。擇官之所親信者。而先致慇勤。舉止動靜。就官之所喜好者。而巧為迎合。官而任性。被則激之以動怒之語。而自作威福。官而無才。彼則從旁獻策。而明操其權柄。官而多疑。彼則因事浸潤。而暗用其機謀。官喜偏聽。彼則密訐人之陰私。以傾陷其所讐。而快其私憤。官好慈祥。彼則揚言人之寃苦。以周全其所託。而圖其重賄。官惡受贓犯法彼則先以守法奉公。取官之信。官喜急公辦事。彼則先以小忠小信。結官之心。官如強幹。彼則倚官勢以凌人。官如軟弱。彼則私賣官法以狥己。官如任用家人。彼則賄通家人。以為內應。官如聽信鄉紳。彼則聯結鄉紳。以為外援。舞文作弊。則云一時疏忽。出票催規。則曰歷年舊例。」吏胥如此。家人何獨不然。況家人較吏胥為近。官之性情。為所夙知。熒或更易·是又於財色之外以施其術者也。雖然。此中不無忠義性成。恂謹自好之人。不可一筆抹煞。則在慎擇之而已。特補記於後。

排　單

太子少保兩江總督部堂一等威毅伯曾　爲飭遞事今本部堂發
投新投常領道　公文一角事關緊要仰沿途臺站州縣驛
遞官吏查照單內所開物件數目遞到時刻逐一註明卽選派的
役健馬晝夜星馳限行　百里依限投遞毋許稽延若上站遞到
物件數目與單內所開不符及時刻遲延或包裹擦損物件遺失
等項該站一面將情節註明粘單仍卽馳送一面呈報本部堂查
核須至排單者火速火速

右仰經過地方各州縣驛站准此

光緒十四年九月初七日申　時自金陵發

爵督部堂

光緒十四年　月　日　時　刻到　驛	年　月　日　時　刻到　驛
年　月　日　時　刻到　驛	年　月　日　時　刻到　驛
年　月　日　時　刻到　驛	年　月　日　時　刻到　驛
年　月　日　時　刻到　驛	年　月　日　時　刻到　驛
年　月　日　時　刻到　驛	年　月　日　時　刻到　驛
年　月　日　時　刻到　驛	年　月　日　時　刻到　驛
年　月　日　時　刻到　驛	年　月　日　時　刻到　驛
年　月　日　時　刻到　驛	年　月　日　時　刻到　驛
年　月　日　時　刻到　驛	年　月　日　時　刻到　驛
年　月　日　時　刻到　驛	年　月　日　時　刻到　驛
年　月　日　時　刻到　驛	年　月　日　時　刻到　驛
年　月　日　時　刻到　驛	年　月　日　時　刻到　驛
年　月　日　時　刻到　驛	年　月　日　時　刻到　驛
年　月　日　時　刻到　驛	年　月　日　時　刻到　驛
年　月　日　時　刻到　驛	年　月　日　時　刻到　驛
年　月　日　時　刻到　驛	年　月　日　時　刻到　驛
年　月　日　時　刻到　驛	年　月　日　時　刻到　驛
年　月　日　時　刻到　驛	年　月　日　時　刻到　驛
年　月　日　時　刻到　驛	年　月　日　時　刻到　驛
年　月　日　時　刻到　驛	年　月　日　時　刻到　驛

兵部火票

兵部爲緊要公務事照得　內　閣　行宿海關監督　公文壹角事關緊要應
馬上飛遞爲此票仰沿途州縣驛遞官吏文到即選派的役晝夜星飛馳遞至該處交投
毋得擦損倘有稽遲挨站查出即行指名
題參毋違速速須票
大清光緒貳拾捌年柒月初拾日
部
限　日呈繳

知州知縣等官〔第四十九表〕

〔知州〕從五品，順天府五人，奉天府四人，直隸十二人，江蘇、安徽、湖南各三人，山東九人，山西、陝西各五人，河南六人，甘肅、湖北、廣東各七人，浙江、江西各一人，廣西二十六人，四川十一人，雲南二十七人，貴州十四人。

〔州同〕從六品，順天府一人，江蘇、安徽各三人，山東六人，河南、甘肅、江西、湖南、四川、雲南各一人，陝西、貴州各二人，湖北四人，廣西十人。

〔州判〕從七品，順天府三人，直隸七人，江蘇、甘肅、湖南、四川各二人，山東、河南、廣西各五人，陝西、浙江、江西各一人，湖北、廣東、雲南各四人，貴州三人。

〔吏目〕從九品，順天府五人，奉天府四人，直隸十三人，江蘇、安徽、湖南各三人，山東九人，山西、陝西各五人，河南六人，甘肅七人，浙江、江西各一人，湖北、廣東各七人，廣西二十一人，四川十一人，雲南二十七人，貴州十四人。

〔巡檢〕從九品，順天府、奉天府各一人，直隸、四川各五人，江蘇、廣西、雲南各七人，安徽六人，山東四人，山西、江西各三人，河南、浙江各一人，湖北、廣東各十三人，湖南、貴州各三人。

〔驛丞〕未入流，順天府一人，河南、陝西、貴州、四川各一人。

〔庫大使〕未入流，順天府一人。又有閘官，未入流，順天府一人，江蘇二人，山東三人。

〔知縣〕正七品，順天府十九人，奉天府八人，直隸一百五人，江蘇六十二人，安徽五十人，山東九十五人，山西八十八人，河南九十四人，陝西七十三人，甘肅五十二人，浙江七十六人，福建六十二人，江西七十五人，湖北六十人，湖南六十四人，廣東八十一人，廣西四十九人，四川一百十一人，雲南三十九人，貴州三十四人。

〔縣丞〕正八品，順天府三人，直隸十八人，江蘇五十九人，安徽十七人，山東三十五人，山西五人，河南三十三人，陝西十五人，甘肅、廣西各六人，浙江四十六人，福建二十九人，江西五十五人，湖北二十二人，湖南十三人，廣東二十人，四川二十一人，雲南四人，貴州七人。

〔主簿〕正九品，順天府二人，直隸五人，江蘇三十七人，安徽、陝西、甘肅各三人，山東、河南各十三人，山西、福建、湖北、湖南、廣東、廣西各一人，浙江十一人，江西二人。

〔巡檢〕從九品，順天府四人，奉天府三人，直隸四十一人，江蘇八十五人，安徽五十三人，山東二十人，山西三十三人，河南十五人，陝西十三人，甘肅七人，浙江四十人，福建六十六人，江西八十八人，湖北六十八人，湖南六十五人，廣東一百二十九人，廣西六十人，四川九十五人，雲南十六人，貴州四人。

〔典史〕未入流，順天府十五人，各直省員數與知縣同。

〔驛丞〕未入流，順天府一人，直隸九人，山西、河南、陝西各六人，甘肅、江西各二人，四川一人，浙江四人。

〔稅課大使〕未入流，江蘇二人，浙江三人。

〔河泊所官〕未入流，廣東二人。又有閘官，未入流，江蘇十一人，山東十四人。又各直省府、州、縣，設有醫學、陰陽學、僧錄、僧綱、道錄、道紀，皆沿前明舊制，蓋即庶人在官之類，與品官不同，附載府、州、縣官之後，不著於表。

知縣

齊如山

知縣的等級，在殿試的榜中，他是第四等，第一二甲是鼎甲翰林，第三甲的前列是主事，主事以下才是知縣，他豈非第四等呢。但是不要小看這第四等，卻有許多人想著他，所有寫作俱佳的人，當然想得鼎甲翰林，但自己以為鼎甲翰林無望的人，則大多數都想作知縣。前邊說過，「發財最好當知縣」，可是想作知縣的人也不一定都是想發財，其中可以分為兩種，茲在下邊分著談談。

一是有志向想作事的人，願意作知縣。按知縣這個名詞說，就是現在的縣知事，可以說是一點分別也沒有，可是骨子裏頭，可就差多了。目下縣知事的權限，是人人知道的，不必多談，從前的知縣的權，幾乎可以說是無限制的。總之全國官員的權，除了皇帝就可以說是知縣，自然哪！知縣管不着的地方，他自然是無權的，但他所管的地方，則可以說是比皇帝權也不小。總督，巡撫，藩臺，臬臺，知府等等，都是知縣的上司，權勢當然比他大，但這些人都非親民之官，必須要等到知縣辦了，而人民不服的時候，才能經他們的手，那就差的多了。於人民有益的事情，知縣想怎麼辦就怎麼辦，絕對不會有人不服，所以通稱「百里侯」。

本來實在比周朝一個小國還大，稱為百里侯，也不能算是過份。又曰親民之官，總之若全國知縣都是好的，那就絕對沒有反叛之人，所以朝廷對此向來極為注重。知縣在地方的善政，在彼時不同現在，沒有所謂實業，教育，等等的名詞，也沒有這些維新的事業，不過是提倡工藝，修理堤防，改正學風，敦厚風俗，等等的這些事情。不要以為這是小事，也都可以造福一方，常聽人說，某縣的提防河道，是縣太爺某人治理的，某縣有何種工藝，是某知縣提倡的，如此種種，都可以留下幾百年的遺愛。尤其是教育更容易顯著，這可以隨便舉一個例：在光緒中葉以前，河北省的知縣，徐子庶（忘其名），勞玉初乃宣，鄒岱東振岳，諸公都是州縣班的能員，所辦的善政均很多，到處有政聲，至今人人稱道，真所謂遺愛在民。最晚在光緒中葉前後的吳摯甫先生，到處提倡學術，他在遵化州，深冀州各數年，而各該處的讀書人，不但桐城派的文章發達了若干，而真講讀書的學者，也添了不少，至今各該處的文風都很盛，民國後學務也很盛，求新學的人也極多，這不能不歸功於吳摯甫先生。足見有學問的人作知縣，是極可有為的，這不但有功於地方，且有功於國家，這種事情，不但翰林主事作不到，連知府也無法可作，因他不是直接管理地面也，只有知縣能之。這就是有志之士想作知縣的原因。

二是圖溫飽想發財的人，也想作知縣。翰林固然清高，主事也是天子腳下近水樓臺的官員，但發財的機會太少，也可以說是波有，要想發財實在是非作知縣不可，所以有許多人想著他。不必談到貪贓枉法，只是陋規就夠了！什麼叫作陋規呢？說起來也是貪賊，也是不應該要的，但歷任的官員都要，且是無人不要，而民問雖不願比，但是為時已久，成了一種習慣，大家也就都默調，以為是應出之錢了，這種不名曰貪贓，而名曰拿陋規。

陋規者不夠冠冕之規矩也，種類很多，最要緊的是上下忙。上下忙三字，又怎樣講法呢！向來國家徵收地畝錢糧，都是折扣為現銀，每年永遠是一次收完，雍正年間改為分兩期徵收，每期徵收牛數，上期以二月為始，五月徵完！這個名詞哄作上忙。

下期於八月起徵收，十一月徵完，這個名詞叫作下忙。此條曾載清通老中，田賦考門內。從前有一縣出了缺，或派了實任官一時未能到任，助必須另派人代理，在代理期間、必須經一個忙，或上忙或下忙皆可，就是該實任來到，也得等代理者過了忙才能交代，否則代理者是不答應的，因代理一次，總得有些收入也。現任官之在任期，總以三年為滿，在此期間經過六個忙，好的缺總可賸幾萬，平常缺也有一兩萬。何以能有這些進項呢？因為農民所交之款，除了應交國家的外，已經也有知縣的在裏邊了，這便叫作陋規。以上只說一種，其餘不必多贅了。

按外官說，不應得的款項，大致可以分三種，一是前邊說的陋規，二是貪贓，三是枉法。貪贓枉法，也還有一點分別，貪贓有時還不算傷天害理，枉法則往往人命關天了。

先說貪贓。貪贓的種類，自然很多，最輕的是以禮貌要錢，比方三節兩壽之收禮，這算是最輕的了。一任官每年總作壽兩次，一是自己，一是太太，就是代理幾個月的縣官，至少也要作一次，他明明是三月中的生日，可是代理的日期是下半年，他也要作一次，好在他生日，也沒有人去查帳，有的一年之中代理兩次知縣，他便可以作兩次。錢諷這類事情的笑話很多，茲隨便說一事。一位知縣作壽；本縣紳士問他屬什麼的，答以屬鼠，於是紳士們打一個金質老鼠送給他，縣官高與極了，可是很後悔，自己屬象，體質太小，乃對大家說，我太太生日也快了，問屬什麼。他說屬牛的，連屬象都可說謊，其餘可知，可惜沒有屬鯨魚的。這是貪污之最輕者，然有正義之知縣，決不肯如此，所以也得算貪污，如此之類尚多，不必多贅。

枉法的貪贓，鄧就厲書多了，所以有：

殺人的知州，滅門的知縣。

要把財發，必要估家。

要吃飯作知縣。

作知縣穿綢緞。

等等的這些諺語，要把財發，必要估家，兩句話之義，是遇打官司者，先要估計他的家產值參少錢。詩詞中又有：「一字不可入公門，一入公門家便傾。」等等的這些句子．這種事情多的很，各小說筆記中，就處處可以見到，此處不必再行舉例。這就是壞的進士想作知縣的原因。

不過這許須要兩說著。這種傷天害理的貪污？以捐班知縣為多，進士作知縣的人，這樣貪污的人卻極少，固然不敢說沒有，但一省之中，十年八年不見得有這麼一位。進士作知縣之發財，大致可以說是有兩種，一種是只規規矩矩的孥陋規，一種是陋規之外，不十分傷道德的錢，也要一些，再厲害的就又是少數了。

其實規規矩矩的孥陋規，若遇到大縣肥缺，再加上好年景豐收，也就很夠發財的了，例如袁子才就是如此，以翰林出為知縣，作了兩三次滿任，便告假還鄉享福。他本很窮，他自已常慨嘆的說，幼年想看書無錢買，晚年書多了，也沒有工夫看了，這已經是有錢的話，而在南京買了一大片房，以娛晚年之外，還收了不少的男女徒弟，以詩文互相切磋，若專為自己娛樂一方面著想，這總算是心滿意足的一件事情。按進士作了知縣，撈幾個錢回家，規規矩矩養老的人，確是不少，想袁子才這個樣子的也不多。

一、進士作知縣無須候補

提起候補這個名詞來，大家當然都知道，但彼時侯補的情形，恐怕有人不知道了。現在也可以附帶著談幾句。京官候補的苦況，就是前邊所寫「先裁車馬復裁人」及「知單一到便為難」兩首詩所說的情形，然京官花費少，所以還容易支持。外官的候補，可就難多了，其輕者可以說是可憐，重者可以說是傷心慘目。在光緒中葉以前，天津洋務尚未十分發達，所有官員都駐保定府，所有的候補官員，也都在保定，所以保定城內，有一句極流行的話就是「你見門口有候補二字，你就可以進去」。這話怎麼講呢？意思是等於窰子妓館，你要想逛窰子，你就可以進去，絕對不會有錯，因為從前官宦人家之門口，都有一個牌子，書明候補府，候補縣，候補縣丞，等等這些字樣也。請看這有多磨傷心慘目，我初次聽到這句話，我才幾歲，然巳覺得刺耳，後來到開封，太原，武昌，等省城，與友人說起這句話來，大家都說各處都有這類的話，固然不能說實實在在是如此，但也有影響，何以能到如此糟糕呢？這於國家用兵關係極大。再早不必談，自咸豐起一直到光緒初年，南有洪秀全，北有張總愚，可以說是接連打了幾十年的仗，這裏頭出產的官員極多，有軍功的固然要保舉一個官，其餘辦糧秣的，辦文案的，辦關卡的，等等也都要保舉為官，最多的是用兵籌款開捐，當然就有許多人捐官，這些官都要分發到各省，那有這許多缺呢？只好候補，候補的時侯，只有花費，沒有進款，所以造成了這種凄慘的境界。

候補二字，在文字中日聽鼓，聽鼓二字，來源也相當遠，因為從前以卯刻召集僚屬，屆時擊鼓為號，所以官員聞聲，即前去聽命。李商隱詩，有句云「嗟余聽鼓應官去」，聽鼓即指此，退班時亦以擊鼓為號，北史齊生皓傳，「為司徒緣，在府聽午鼓，喋蹀待去」云云，亦即此義，不過古人雖聽鼓，但不如清末候補人之多，所以未曾聽到有這種凄慘的事情。

進士作知縣則絕對不用候補。殿試之後，欽點知縣、這個名詞叫作榜下即用知縣，簡言之曰榜下知縣，俗名叫老虎班子，意思是有威力也。由吏部分發到各省，到省之後，至晚三個月內，便須給缺到任，否則藩臺可以擔不是的。不但初到省如此，以後也不能常閒著，偶爾休息休息，閒幾天，也就得放缺。這也有特別的原因，一因全省進士底子的知縣就不多，捐班則是無限制的，而進士三年才考一次，全榜以知縣用的，不過幾十個人，分到各省，每省不過幾人，少者一二人，所以要受特別的優待。二因各省的藩臺，也多是科第州身，彼此於無形中總有一點關照，以為一生苦讀詩書，中了一個進士，才得到一個知縣，對他們總是同情的。三是進士多比捐班能作事，且能擔任事，放出去之後，藩亳較為放心。不過這話又得有兩種說法，前邊所說的都是能作事的進士，還有一種光會讀書作八股的進士，他除作八股之外，可以說是什麼都不懂，政治就更不用提了，到處鬧笑話。從前有用四個轎夫，比作知縣的一段故事。

第一名轎夫名曰揚眉吐氣，意思是他領路，後邊三個都得聽他的號令。這好比初掛牌放缺的知縣總是揚眉吐氣的得意。

第二名轎夫名曰不敢放屁，意思是正在坐轎的老爺前頭，倘一放屁，則必薰到老爺，所以不敢放。這好比知縣被藩臺委了缺，去見藩臺謝委，只知恭維上司，不敢說話，等於不敢放屁。

第三名轎夫名曰混天黑地，意思是面前即是轎之後面，什麼也看不見。好比知縣到了任，辦公問案，都無辦法，一塌糊塗，所以曰混天黑地。

第四名轎夫名曰托來扯去，意思是他乃末一人，前頭怎樣走，他就跟著怎樣走，托他往東，他不能往西。這好比知縣對於各種公事，都沒有辦法，都不能結束，只好托來扯去了。

以上這一段笑談，固然有些譏諷，但也確有這種情形，而且這還是好的，還有比這個糟糕的，比方聊齋誌異中所記的，某進士作知縣，縣中有一姦夫把本夫殺死，告到他面前，他說人家好好的夫妻，你把她丈夫殺死，使其妻守寡，這太不該，我把她斷給你為夫婦，也使你妻守寡。這豈非千古奇談呢？這比前邊所談者又糟糕多了罷！然而古來筆記中，記載的這類事跡還很多，就是：聊齋誌異中，也不止這一段。這都是進士老爺們幹出來，捐班知縣不敢如此。吾高陽從前有進士知縣，外號滿堂官，這也是很普通的外號，各處都有之，何以曰滿堂官呢？就是每逢坐堂問案，因為他沒有主意，三班六房所有在堂上站班的人員，都說話都出主意，所以有此外號，這種官，那官司還問的清楚麼？

這樣的人才，當然不能常作知縣，因為他在那一縣，則那一縣一定要倒楣。他的結局，多是降教，或者就教。降教者是把他降為教官也，因為教官只跟秀才打交道，不管民事，他或可勝任也。這種考語，一定是才具平庸，難膺民社，惟文學尚優，可就教官之職，因教官品階，低於知縣，所以曰降調。就教者是出其自動，上一呈子，云自己不長民事，請降調教職，如此則面子較為好看一點。再厲害就是勒令休致，勒令休致是常用的名詞，就是讓其去職還鄉，可是仍保存著他的官銜。以上這種種辦法，雖面子不大好看，但仍然因為他是進士，才得如此。若捐班則早就革職了，不過捐班的官員，雖然有壞的，但絕對沒有這樣糊塗的。因為他果然這樣的糊塗，他就不能花許多錢捐官了。

二、進士知縣可有作為

前邊已經談過，知縣在他的縣境之內，比皇帝在國中權力還大，所以外號百里候，真是可以為所欲為，進士尤其隨便。或者有人說，既是可以為所欲為，則捐班知縣也是一樣，何必說非進士不可呢？這話自然也有些道理，但是大大的不同。捐班總是捐班，他自己也很小心謹慎，有膽量的人，自然也有，但只可作壞事貪贓枉法，因為貪贓枉法，其目的只是自肥，這與色膽大於天，一樣的性質；或者與上司勾著手，那膽量就更大了。可是遇到作好事，他就波有這個膽量了，作壞事有所圖，於是也就有膽，再與上司有勾結，上司能分肥，當然也要替他擔任若干。作好事他固然不願賣力，而上司也難得與他助力。再就民間一方面說，縣官作壞事，沒人言語，要想作好事，可就有的是人來說閒話，這是吾國人的通病，到現在還是如此，不必解釋。若講到文風一層，捐班知縣更不敢說話，不要說辦事，他一張嘴，大家就可以譏諷他是說他一個捐班知縣，也來講文風，所以他更不敢作，固然是外行，就是真正讀書人，他也要謹慎一二。進士知縣可就不同了，一到任眾百姓聽說是進士底子，便人人另眼看待，尤其是關於文風，他說行麼也是對喲，波人敢駁他的回，這種情形，前邊已大略談過，茲不再贅。總之凡一切與利除弊的政治，他都可以作，上司有時或者以為他多事，但他可以不管，所有責任自己都可以擔負起來，在捐班知縣便不能如此，一則他也不肯，於自己沒有好處，何必多事呢？二則徜上司一問，他便不願負此沉重，所以他不會作這些事情。談到訴訟問案，那更風趣百端，清朝有清朝的法律，問案斷案，當然要依據法律，但進士問案，則不十分管他，只要於人情道德上講的山去他便作，所謂王道本乎人情者是也。我曾見過鄒岱東問案，其情形如下：

有弟兄二人極有錢，分家時有一盤磨，兄弟二人都想得，因此爭鬥起來，打了官司，哥哥想贏官司，乃給縣官送二百吊錢，弟弟為面子起見，也送了二百吊，哥哥又多送，弟弟亦多送，每人送了五百吊，老不過堂，遂停頓不送，共送了壹千吊，在彼時這個數目，便不算小。約合現大洋五百元，其實買一盤也不過幾元錢。鄒公見他們不再多送，乃預先買了兩盤磨，次日過堂，一上堂便把兄弟二人，大為教訓，說你們不應該把先人留下的錢，這樣胡花。不過這錢你們花出來了，也不必再拿回去，我也不要你們的，本城的書院正應修理房屋，添置家俱，正需要這筆款，就用你父親的名義，捐入書院，這是永遠留名的事情，我給你二人每人買了一盤磨，運回去自用，你家原有之舊磨捐入村中公用，也使一村之人，念道你一家的好處，書院也不白要你們的鏤，使他們預備一杯酒，請紳士敬你二人每人一杯，算是給你兄弟取和，從此和和氣氣度日，不得再有爭執。如此辦法，是縣官調和，紳士敬酒，兄弟二人自然有面子很高與，後來聽說很和氣，村中人多得了一盤磨，也很高興，書院添了一大筆款，不但紳士高與，連全縣讀書人都很高興。

又一次也是弟兄二人為分家起訴。家中田地房產很多，哥哥嫂子都狡猾，把好的房產田地都歸了自己，弟弟老實，不敢說話，弟媳不服，告到當官，哥哥預先把地保，四鄰，親友，鄉紳，都花錢買通，替他說話，一過堂，鄒公一看哥哥夫婦露出狡滑的樣子，已知其大概，乃命把兩造的房契地契，都呈堂閱看，看到兩邊房的間數，田的畝數都一樣，乃問哥哥嫂子分的公不公，都說公，又問地保四鄰等人，總之都說公。

此詩鄒公已知其奸計，但已胸有成竹，乃問弟弟公不公，回曰不公，官說大家都說公，獨你一人說不公，你一定是不講公理不安份之人，吩咐給我打，嚇的弟弟也只好說公，弟媳不服，又一恫嚇要打，弟媳無法，也只好忍氣吞聲說公。鄒公問你們大家都以為公了。眾曰然，鄒公命所有人員都畫押具結。斯時大堂前看熱鬧的人大為不平・甚至有罵的。在彼時較為完備的州縣衙門，都有三個問案之處，名曰大堂，二堂，三堂，三堂又曰花廳，凡細小不要緊的案子，或應有保存人名節的案子，都在三堂審問，問案時州縣官可以不穿官衣，所有三班六房也不用伺候，可是不許人看。稍大一點的案子，則坐二堂，有時也不許人看。最大的案子須坐大堂，州縣官都須衣冠齊整，三班六房都須照例站班，而且仕人觀看，不過彼時還沒有旁聽的組織，也波有旁聽這個名詞，就叫作看熱鬧，人數他往往很多，他們倘一起哄，也有很大的關係，此時幾幾乎有起鬨的樣子。斯時堂上說了話了，大家要安靜，並問原被告及證人等等，說你們都以公，且都畫了押。既是公則無分彼此，即把哥哥之一份房契地契給了弟弟，弟弟之一份給了哥哥，大家以為如何？斯時堂上沒有一人敢有異言，而觀眾則拍掌大樂。案子就如此了結。

以上這兩件案子，判了之後，人人稱快，傳說多遠，讚揚多年，到目下已經六十多年了，而我還記得，足見他感人之深。但是請問這合乎法律麼？然進士就肯這樣作，他也敢這樣作，上司知道了。也只有讚揚，他無可說。若捐班知縣，他不敢這樣作，他也不肯這樣作。倘所有款項入了他私人的腰包，那他或者也敢也肯，倘歸了公於他毫無益處，那他一定不敢，也一定不肯了。

前清問案，這種情形，可以說是到處都有，民國後樊增祥先生出版了一部書名曰樊山判牘，好像是這個名字，記不清了，所載都是他問案的判詞，記得其中有一案是一不安份之寡婦，想敲一人之竹槓，把他告了，呈文中大致說，她正在院中洗腳，該人來調戲，並且把繡鞋搶走，等等的這些話。樊山把他批駁不准理，其判詞中有下邊兩句話曰：

院中非洗腳之地，繡鞋非寡婦所穿。

他自己以為這兩句話，理由很充足，大家也都以為他極有理。照社會的習慣說，從前纏足的女子，在院中洗腳的，確是波有，寡婦穿繡花鞋的也實不多見，這是不錯的。但是法律並沒有明文禁止他呀？何以因此便不准人家的狀子呢？若在目下，則一定有大律師可以上告他。但是他不怕，他不同你引證法律，他只合你引證經書，他舉出某部經書裏頭怎樣說，某部史書裏頭怎樣寫，就用這個就可以把你駁躺下，你就是上告，這個官司他也輸不了，不過這些情形，捐班的官員幹不了，所以他不能擊這樣作，惟進士則可以。

照以上所說，他不管法律，則極容易出毛病，豈非一種錯處呢？但也不然，前邊已經談過，王道本乎人情，祇若不違聖道，不悖人情有益社會，便可以作，與法律有點出入，似乎也無傷於事。按民國的法律，是判案所引法律之第多少條，都要注明，這自然是很合道理，但這與前清之經丞，書辦，刑名師爺等的辦法，大致相同，他們辦一案必要引證法律第多少條為根據，倘法律無明文，則緩引從前的案子為例，這個名詞哄作援案，這彷彿不容易有弊病了罷，可是弊病更大，你給他錢，他就引證這一條，不給他錢，他就引證那一條，出入更大，從前六部的公專，都被書辦把持，外省各衙門，都被刑名師爺把持著，就在這個地方。不過進士辦案，與法律有出入，是因為人情的關係，（這個人情，乃是王道本乎人情之人情，不是花錢托人情的人情。書辦山法律，是錢財的關係就是了。我的思想是，與其因錢財而出入，不及因人情而出入。因為因錢財而出入，則一定於社會有害，因人情而出入，則一定於社會有益也。

從前的公事，往往就事說事，不管法律，比方乾隆年間，有下邊這樣一回事，一個秀才，在別的省鄉試，得中舉人，因該省舉子忌妬，告了他，說他在該省鄉試不合例，於是便把他的舉人飭革。他又回到自己本省鄉試，又中了舉人，本省人又告他說他不合例，又把舉人革掉。他當然很有氣，乃進京在禮部遞了一張呈文，請示他應該在什麼地方鄉試，禮部不敢作主張，乃奏明皇帝，請示辦法。乾隆下了一道上諭，某人著賞給進士，下科一體殿試，如此這個案子便算結決了。按皇帝本有這種無限的特權，想給他一個進士，當然沒人能夠反對，就以實在情形來論，他已中了兩次舉人，就是給一個進士，也不算僥倖，也可以說是應該的。

但是這件案子的原質，要解決的是他應該在某省鄉試，不是應該中與不應該中的問題。可是皇帝不管，乾脆給他一個進士完事，在該人本人自然是喜出望外，而輿論也極端讚揚，其實這於法律當然是沒有根據的，這種事情，只有英明的皇帝可以作，也就如同前邊所談的各種案件，只有英明進士的州縣才可以作。所以說進士知縣可有作為。

三、進士知縣可充同考官

州縣官可以充作同考官，前邊已大略談過，茲再補充幾句，不要以為此事無足輕重，其實這是州縣中最清高最出風頭的差使。有幾種原因：

一因此是以知縣資格，當翰林應當的差使。凡會試鄉試，老選同老官，永遠是翰林，雖間有主事等，但總以輪林為本位。知縣這種差使，其資格卻與翰林平等，安得不出風頭呢？所以每逢得了這種差使，親友屬員，都要道喜慶賀的。

二因本職雖然是州縣，但進了省城，以同考官的賽格，去見督撫藩臬，大家都不能以屬員相待，因為已是學者的資格，老師的性質，本人雖然仍以屬員自居，但各上司都得相當客氣，且由此可以見到上司，或者能談些話，這裏邊便可以有很好的機會。

三是正副主考，多半是青年翰林，清朝官場最重科份，倘自己中進士比正副主考，科份較早，便是老前輩的性質，雖然主老不見得以前輩相呼；但也得相當客氣，倘遇與主考是同年，那就更有機會了，同主考與督撫藩臬晤談時，主老和他們說一句，某君與我是同年，這句斷便等於囑托，以後總是有益無損的。

四是可以收得舉人門生，倘本縣有得中的，那就更親近成為通家了。由此又可擴大他提倡文風的基礎，州縣雖然是可理政務的官員；但仍可以講學，自己可以收門生，固然可以由書院考試時收門生，若由這種舉人介紹，那就是更覺親切了。這種門生，絕對波有那些勢利，下等的意味，都是真正為研究學問而來，國中這種例子多的很，例如前邊所說的，吳摯甫之於遵化深冀等州，就是這種情形。

五是由此可以保送御史。各省州縣如有辦事之才，能通達吏治者，原有由督撫保送御史送京引見之例，然只靠公事好，不容易引起督撫之注意，當一兩次同考官，文章學問，再特別優長，則最容為得上司之另眼相看，再加上平常吏治好，有能員的聲名，最容易得此保奏，這也是特別機會。

六同考官亦名簾官，意是在簾內看卷也，所以當同考官，名詞亦曰入簾，這入簾二字，乃是一種很優的差使．也是一種很好資格，所以州縣官入過幾次簾，在履歷中，都要注明，這於提陞官階時，有很大的關係。

進士州縣官可以充鄉試同考官，這是值得大書特書的，這固然是國家尊重科名的一種表現，可也是運用科名一種極好的辦法。

清代幕賓中刑名錢穀與本人業此經過

陳天錫

一、緒言

清代地方行政官署，莫不有幕賓，佐主官治理職務，此幕賓中有刑名錢穀兩名稱，通稱刑幕錢幕，或刑席錢席，簡稱刑錢，實際刑錢兩者，有分有合，悉視機關之大小，事務之繁簡，而為分合之標準，大抵每一省區，刑錢兩席，合多於分。任刑錢之幕賓，在政治上頗居重要地位，主官之禮遇亦特隆。滿清季世，時代變遷，學務警務，農商業務，逐漸興舉，名曰新政，刑錢幕賓已不專任刑錢，而須兼辦新政，入民國後，改革舊制，經半世紀之滌盪，刑錢幕席，無復有遺迹之餘留，然言政治者，猶不廢留意及此，茲分節述其概要如下。本人從事刑錢工作，並及於新興事業，為便利一般有志政治者，明瞭當年實際狀況起見，並將從學幕（學習刑錢之通稱）起至就幕（一曰就館為應聘之通稱）止，親身之經歷經辦事項，擇要臚列於後，似亦可作現身說法觀。

一、刑名錢穀名詞之詮釋

刑名錢穀之名詞，凡出生在民國以後，未從事政治者，及青年學子，多不甚明瞭其意義，有先行詮釋需要。按辭源係現代辭書之一，為學者所宗，其刑名條下，載「史記韓非者，韓之諸公子，喜刑名法術之學，舊時在官署主刑事判牘之幕友，謂之刑名」。其錢穀條下，載「指賦稅而言，史記問天下一歲錢穀出入幾何，舊日地方官所聘幕友專司會計錢糧者，俗亦稱錢穀」。竊以辭源載此兩條，僅詳出處，對於刑名兩字，固尚未明釋究作何解，如以官署主刑事判牘之幕友謂之刑名，似亦祇能釋刑字意義，名字尚無看落，有謂名字指笞杖徙流死之五刑，未免過於狹隘，恐不如是，鄙見名字似應釋為古九流之一，以正名辨義為主之名家，庶與主刑事之法家相稱，證之資治通鑑周紀二顯王八年，公孫鞅好刑名之學註云：「師古曰：……任說者曰：刑刑家，名名家，即太史公所論六家之二也，此說非，劉原父曰：刑名即並學兩家術耳。」是古人已有此說，非愚所創解。至對錢穀兩字，謂係舊日地方官所聘幕友專司會計錢糧者，似亦應加以擴充，方見圓到，查地方官署之錢穀幕友，其主管範圍，為戶婚田土四者，戶為戶籍，婚為婚姻，田為田賦，土為土地，實較會計錢糧為廣，此係事實，故宜改稱專司戶婚田土者為錢穀，庶較適當。

三、刑錢建制無成文可考

刑錢兩席，起於何時，無成文可考。地方行政官署，上自督撫，下至州縣，無論東西南北各省，設置此席，極為普遍，意者必有昭垂一代之令典，深病個人學識之淺陋，未能有所發現。五六年前，錢唐繆全吉君有清代幕府制度之作，取材之廣，得未曾有，在公文書中，幕賓幕友幕客幕僚諸名稱，不少概見，並已查出當年節次之詔論，當可認為因襲前制之說明，顧於刑錢幕席建制之來源，仍無成文可覩。惟世俗每稱刑錢為紹興師爺，雖後來業此者已無界限，仍以紹興目之，紹興人對此制度，有深切之關係，當可推想而知，由於私人之制作，公文書上自難視為正式建制，故無成文可覩，亦為事理之當然。

四、刑錢在政治上地位

普通官署之幕賓，刑錢以外，原有賬房書啟教讀閱卷徵比朱墨筆等類別，惟刑錢幕席最為尊。良以刑錢掌握衙署行政實權，主官之榮辱隆替所關，民間之生命財產所繫，其負荷之責任，特為嚴重，其知識技能，有一貫之師承，受相當之陶冶，非尋常所能為，以現代名詞言之，即專家之謂。幕賓通稱師爺，惟刑錢幕席以地位之重要，則視主官之地位而異其稱，如主官稱老爺，亦老爺之，稱太爺，亦太爺之，稱大老爺，亦大老爺之，稱大人，亦大人之，均加一師字於其上，為師老爺師太爺師大老爺師大人。刑錢設置例為兩席，道府兩級，只司承轉，事務較簡，與中小缺分之廳州縣，類多併為一席。藩司不主刑名，但置錢穀，臬司不主錢穀，但置刑名，均劃分區域治事，雖祇一席，不祇一人。督撫衙署，刑錢分席，亦多劃疆而治，每席不僅一人。

五、幕賓與幕僚之區分

按幕賓名詞，當係出自謝安謂郗超為入幕之賓一語，然郗超為桓溫參軍，實即溫之幕僚，而非幕賓，此外如漢魏以下之治中別駕主簿長史推官判官等，類為州郡藩府之佐史，歷來多從徵辟，亦皆屬於幕僚，而非幕賓。蓋幕僚與主官有隸屬關係，幕賓則位介賓師之間，與主官分庭抗禮，其儀文有種種不同也。幕友幕客之義，與幕賓同，本節專舉幕賓以與幕僚相對，無非為簡略起見，並無軒輊之分。洪氏容齋隨筆載，唐世節度觀察諸使，辟置僚佐，以至州郡差椽屬，牒語皆如誥詞，宋世則以吏牘行遣，可知待僚屬之文，原有其體制。清代幕賓，悉由主官徵辟，並不通籍於朝，延致之初，尤其對幕賓中之刑錢兩席，必備關書，具聘幣，主官衣冠躬自登門拜送，禮極識光，罔或疏失，關書程式如下：

> 用大紅全柬，面寫關書二字，內寫敦聘某字某姓老夫子在某官署任內辦理某事，月俸脩金若干，到館起脩，謹訂，教弟某某頓首拜，末行書某年月日，不用印信，不蓋圖章，外用紅封套套入，籤書某老夫子惠存。

此關書效力，等於契約，首稱敦聘，所以明非僚屬，不名而字，夫子之上，冠之以老，皆所以示尊崇，云辦理某官署任內某事，所以示任滿共退，用脩金字樣，所以明非官職，末醫教弟，明受教而非所教，寥寥數十字，包含意義甚多。及其適館任事，朔望行香回，必衣冠來館稱賀，歲時備酒儀相款，平居讌會，非首座不敢屈，有所諮詢商洽，則就教。而為刑錢幕賓者，亦不敢妄自貶抑，對主官之稱謂，大都稱老東，或東翁，或某翁先生，主官地位較崇者，則稱其官職之別名，如督撫稱制軍中丞，藩司稱方伯，臬司稱廉訪，道稱觀察，府稱太尊之類。自稱以名，不以兄弟相稱，具拜帖，亦但書姓名，不綴以他稱。刑錢居處，必在公廨，別有院落，不與眾俱，治事各於私室，亦不與眾伍。嘗讀杜子美從劍南節度使嚴武辟為參謀，作詩二十鈞呈嚴公有云：「胡為來幕下，只合在舟中，束縛酬知己，蹉跎效小忠，周防期稍稍，太簡遂忽忽，曉入朱扉啟，昏歸畫角終，不成尋別業，未敢息微躬，會希全物色，時放倚梧桐」。其題曰遣悶，可知其任職概況，與作息時間，頗受拘束，其情緒不見佳適，故以遣悶標題。又讀韓退之從徐州張建封辟為推官，有書上張公云：「受牒之明日，使院小吏持故事節目十餘事來，其中不可者，自九月至二月，皆晨入夜歸，非有疾病事故，輒不許出，若此者，非愈之所能也，若寬假之，使不失其性，寅而入盡辰而退，申而入終酉而退，率以為常，亦不廢事，苟如此，則死於執事無悔。」此書以現代機關辦事情形用現代用語言之，則是自晨至夜長日在公，認為不適合，希望改為每日分上下午辦公，上午六時，下午四小時，杜韓二公之情緒，大略相同，持與清代之刑錢幕席相較，後之優游自在多矣。

六、刑錢之仰給

刑錢生活，惟取給於脩金，及歲時之年節敬，皆出自主官之清俸與廉泉，視缺分之肥瘠，與事務之繁簡，而定其數額，大抵脩金每月銀百兩為最豐，等而下之至三四十兩，歲時另致送年節敬，數為四兩遞至十兩，或不致送，則於關書內訂明，其府道以上之刑錢，遇年節並例有屬轄州縣年節敬可收，其數亦自二兩至八兩十兩不等，亦視州縣缺分及與主官交誼之厚薄而定。主官之廉俸，按祿秩規定如下：

外官歲支俸銀，正從一品一百八十兩，正從二品一百五十兩，正從三品一百三十兩，正從四品一百零五兩，正從五品八十兩，正從六品六十兩，正從七品四十五兩，正從八品四十兩，正九品三十三兩一錢一分五厘，從九品生三十一兩五錢，未入流與從九品同。

此項俸銀，從不支領，備罰俸扣除之用，以外官動受罰俸處分，長年在罰俸之中，少數俸銀，如不預為坐扣，輒至不敷而須追繳，故一律予以坐扣，有餘不予給還，不敷亦不另追繳。雍正二年，定俸銀之外，加給養廉，其制由各省以耗款之存公者，酌盈餘之多寡，分差務之繁簡，同一省而官有等差，同一官而數有等差，自督撫司道以至佐貳雜職，為數遞減不等，詳見戶部則例，大體計之，較俸銀為優，但州縣以下所定數額，至多率不超過俸額十倍，如此，則主官負擔刑錢之脩金，如僅恃俸廉為把注，實尚虞不敷也。

七、刑錢之行檢

刑錢之立身行己，具有其傳統一貫之規律，如到館之後，足不出戶庭，身不接賓客，謹關防，嚴分際，處理案牘，務在周防綿密，對主官負責，關鍵所在，片語隻字不可動搖，主官措施或有失當，直言極諫，不稍忌諱，若不見聽，襆被而去，無所留戀，如是則植品既高，聲譽自起。倘個人行為失檢，或辦案粗疏，而致錯誤，礙及主官前途，主官縱不指摘怨懟，必引咎而退，未來出處，即因之蒙受影響，輒至無敢問津，此外在之公評，隱然操華袞斧鉞之柄，亦若千年來自然而然養成之風氣，所謂莫之為而為，非人力所能左右上下也。

八、刑錢之操術與人事

幕賓之操術如何，而後方能勝任愉快，亦有一述之需要，東坡先生詩云：「讀書萬卷不讀律，致君堯舜知何術」，是凡有志仕途者，澤古功深之外，必應明習律令，況身為刑錢，日與民事接觸，能不以讀律為務乎。昔人又有言曰：「天下文章，出於幕府」，此自前人標榜之詞，不免誇大，未足據為典要，且其自有界說，並非凡居幕府者，盡人皆能享此令譽。至於刑錢，僅衹幕府中一份子，即有出類拔萃，亦不能以少概多，以偏掠全。惟刑錢地位，究居重要，對於文字若無相當素養，固不足縱橫肆應，優裕有餘，故文學一科，實為不可少之基本條件。又其學歷一端，所關亦鉅，學幕固貴師承，尤重實務，州縣為親民之官，一切政治，先從州縣發端，故學幕必先從州縣著手，有成，然後學於憲幕，（指監司以上即督撫司道）大抵學幕，必刑錢兼習，既有所得，再入臬司學刑名，或入藩司學錢穀，歷一二年出而應聘，即可謂之全知，易於脫穎而出。其祇入臬司或祇入藩司者，亦多有之。若僅學於州縣，未登於監司，或僅學於監司，未歷於州縣，雖歷年久亦可問世，但終為未窺其全，遜於州縣監司之並學者，其僅學於監司者，又遜僅學於州縣者，此又基本之一條件。以上三者，皆通大小衙署之刑錢而言。刑錢之出處，絕對憑一己之能力操行，能力優而操行謹者，自可席珍待聘，擁篲爭迎，隆隆直上，其落落無所短長者，僅足保持現狀，難以躋身通顯，自檜以下，或竟無從插足，因其有關於主官之利害至鉅，故殊無人事關係之可言。惟另有一例外，初出茅廬或出山未久者，必有賴身居津要廣通聲氣之師友，為之揄揚說項，誠以師之於弟，有傳道解惑之功，同道為朋，有切磋琢磨之助，均有提攜之義，一經推挽，更有維護之責，未事可能為未雨之綢繆，既事亦可期補牢於既晚，在主官一方託延賓之美名，一方圖固位之實益，為計甚便，自可樂於禮羅。若師友而非其人，雖奇材異能，亦有難逢伯樂之嘆。韓退之云：「莫為之前，雖美弗彰，莫為之後，雖盛弗傳」，於幕賓中之刑錢，亦然。

九、刑錢之比重

通常刑錢並稱，無分軒輊，但在文字上及稱謂上，必刑先於錢，絕不倒置。至主官之優禮為原屬一致，毫無差別，惟對脩金之待遇，則略有區分，大抵刑席須稍豐於錢席，其數為六與四之比，不作秋色之平分。由此足以窺見官場中對刑事案件重於民事案件之心理，然此僅刑錢分席時一種支配之行為，若刑錢合而為一，並不分席，則無此痕跡矣。

十、幕賓故事

由來流傳幕賓事迹，足備掌故者，約有數事，略舉如下：

甲、世傳田文鏡為河道總督，幕賓有烏先生者，名於世宗，某次奏請聖安摺中，奉硃批曰：朕安，烏先生安否？一時稱為異數，此事曾見於雍正硃諭一書，作者五十餘年前，曾假閱此書，遍查田文鏡奏摺，不見有此硃諭，心疑其未確，然人言鑿鑿，且謂田文鏡奏疏，多出烏先生手，否則每遭駁斥，故烏先生草奏，田文鏡輒不復過目云。此一傳說，數見於後人筆載，今不復憶其名稱矣。

乙、汪龍莊輝祖佐刑幕二十餘年，乾隆乙未成進士為宰官，著有佐治藥言一書，凡二卷，於修己待人之道，言之極為平實，凡佐幕者，幾人手一編。先生與錢唐吳穀人祭酒為同年生，有正味齋駢體文集中、有汪龍莊秋鐙校字圖序，可以見其生平。

丙、洪楊之亂，左宗棠佐湖南巡撫駱秉章幕，擘劃軍事，算無遺策，極見倚重，常自署老亮，一日轅門鳴炮，駱公問故，左右稟曰，左師爺拜摺，此事湘人多能言之，亦曾見之後人筆記。

丁、舊日梨園中，演蔡屏鳳一劇，描寫刑幕某師爺推勘獄情，發奸摘伏，及其生活情形，頗窮形盡相，相傳此劇實有此事實，作者亦係五十餘年前觀過，今當成廣陵散矣。

戊、坊間有秋水軒尺牘，雪鴻軒尺牘，一為山陰許思湄葭村作，一為會稽龔萼（一名艮）未齋作，最為風行，十餘年前，見此兩書，並有語文注釋，許龔二公，均為名幕，讀此大可想像幕賓類型。

己、民國肇興，相從國父革命之黨國元勳胡漢民先生、朱執信先生及行刺清攝政王載灃入獄為黨國魁碩失身叛國之汪兆銘，其先世均為幕賓。

以上各則，除甲之烏先生丙之左宗棠，皆以幕賓著稱，其是否幕賓中之刑錢，有待詳考，惟視其所為，其權力實超刑錢之上。至乙丁戊己四則，皆為刑幕，可能為刑錢合席，因通常稱舉，言錢幕不包括刑幕，言刑幕則可含錢幕在內也。

十一、作者從事刑錢之經適

按刑錢有刑錢之學，故有志於斯者，必先從求學入手，學而能成，又必須轉學於津要之門，方易出而應聘，此後集枯集苑，則視一己之行為際遇矣。茲分學幕就幕兩部分述之。

（一）學幕經過

作者十八歲時，（清光緒二十八年）即棄書讀律，從先三兄肖皐（天驄）先生，於湖南之華容、善化、耒陽三縣署學幕，二十一歲又受業撫幕餘姚鄔筱亭（同壽）先生之門，二十二歲即就幕於武岡州。在縣署學幕之初，兄命先讀大清律例，尤須熟讀其目錄，律例中首應細讀名例，自餘各律，則須按需用之多寡，為研讀之先後，如刑律計有十一目，戶律計有七目，為辦理刑錢者首先所觸及，適用為最多，故讀畢名例即須及之，以次讀吏禮兵工四律，以窺其全，此四律，除兵律計有五目外，其餘三律，各祇二目。在讀刑律時，一面即須研究律文中例分「以、准、皆、各、其、及、即、若」之八字，每一字皆有一定之意義，不容絲毫錯誤，一有錯誤，則罪刑之輕重出入隨之，人命生死，所關至鉅。八字外，又有所謂律眼之「但、同、俱、依、並、從」六字及「從重論、累減、遞減、聽減、得減、罪同、同罪」七名詞，亦各有其定義，不能誤解誤用。兄謂身為幕友辦理刑案，全在明習律例，律例之為書，每條各有精蘊，解悟不易，非就同異之處，加以比較研討，便難融會貫通。又條文有關罪刑之訂定，每有其基本之原則，讀者尤須明其旨歸，然後援引方能適當。例如通姦之罪，服制愈親則愈重，若不明此意，僅依凡人處斷，則失出矣。盜竊之罪，服制愈親則愈輕，若不明此意，竟依凡人處斷，則失入矣。諸如此類，非祇一端，要在師友相與講肄，豫之於平時，理解既充，用之於臨事，乖違自免。以上為讀律必循之途徑，更有為讀律必須兼讀之書，如刑案匯覽，凡前人經辦疑難及錯綜複雜成案，皆彙為一編，搜羅甚博，卷帙甚繁，若不能博涉，則積理不富，難期曲暢旁通，如洗冤錄，為檢驗屍傷骸骨實務之著錄，等於通用官書，其中涉及疑難之案，皆有一定方法，足資證驗，若非悉心考究，將至茫無倚傍，手足無措。此外大清會典及其事例，六部則例，六部處分則例，同為有關制度典章之書，能泛覽固為有益，否則亦應擇要參看。又如汪龍莊之佐治藥言，為身任刑錢者處理業務之師資，如黃大鴻之福惠全書，雖為躬膺民社者所應讀，而為刑錢者，亦不可不知，以上又為律例以外應須精研或涉獵之書籍。先兄所告語於作者，係隨時隨事之啟迪，特彙記於此，若真能循此用功，非二三年不能竟其大體。而實際學習辦事，亦有應循之程序，作者於閱讀應讀書籍之餘，一面即學習辦事，先調閱不甚通常業已辦就之命盜姦拐戶婚田土各案，此即古諺所謂「不習為吏視己成事」之謂，大約披覽數案，則辦案應有手續，已可明瞭，然後開始擬批訟案呈詞，試核房科稿件，滿次起草通常文件，進而擬辦上行文件，擬辦命盜案件勘詞，至於學到可能放手程度，兄謂須視每人天資與其為學勤惰而定，普通三年可望有成，兄曾許作者努力三年，遇有機會，可能出而應聘。及至二十一歲，轉學於撫署，不數月即館於武岡州署。

作者學幕撫署，仍經常讀律及閱看有關刑案並政治書籍，師未嘗有特別指授，惟令多看到文，為研磨練習之資。因撫署為一省最高行政監督機關，凡藩臬兩司及全省之道府廳州縣職司之事項，皆須聽命受成於撫署，故撫署成為全省機關公文之總滙，外如京外各部院對本省有關之事項，亦以撫署為行文之對象，是以學慕於撫署者，外來到文皆可寓目，而眼界加寬，但執筆辦文之機會甚少，因鄔師僅主管刑名部份，在此部分之公文，所應處理者，多屬於批答範圍，作者所能擬辦者，亦不能越此範圍，且此等批答性質之公文，其內容亦甚簡單，不若在州縣學幕之多所經辦。惟足以自豪者，湘省名幕有鄔一王二潘三馮四之稱，鄔即筱師，王為王惕菴先生，瀋為潘季魯先生，馮先生已不能記憶其名字，四人者皆為任小棠（麟）先生之高足，任門弟子眾多，作者能從四名幕中之第一人受業，得不為榮幸乎。

（二）就幕經過

作者二十二歲（光緒三十二年）出而就幕，初至武岡州，居停（即主官之通稱）為孫蘭畦（之湘）司馬，山東聊城人，光緒元年孝廉方正，次善化，時年二十三，居停亦孫司馬。次新田，時年二十四，居停為楊濟舟（巨川）大令，甘肅皋聞人，甲辰進士。次新寧，時年二十五，居停為吳友竹（兆梅）大令，廣西興安人，甲辰進士。次沅陵，時年二十六，居停為夏芳圃（逢時）大令，湖北通山人，兩湖書院高材生，某科鄉試舉人。次溆浦，時年二十七，居停亦夏大令。至民國肇興，時年二十八，計就幕六年，歷六州縣，除善化任錢穀外，餘均刑錢不分，且兼辦新政，其辦案情形，擇其較不平凡者，摘述如次：

甲、光緒三十二年館武岡，境內高沙附近，土匪謀反，開堂放標，約期起事，州官據報會營掩捕，獲三十餘人，訊取口供，即須法辦，頗以人數眾多，案情複雜，敍述不易適當為慮。因在撫署數月，閱看臬司報院命案勘詞、及州縣稟報擬辦盜案勘詞不少，有一方式，能將多數人犯不同動作，扼要概括敍述，統攝於勘詞之中，按其情節輕重，分別科以罪刑，各犯詳細供招，則分別開錄清摺，作為附件。此一方式，要在能將各犯重要動作，不蔓不枝，綜合概述，而又無所漏略，一面又能與詳細供招，互相脗合，不生歧異。如此在勘詞內，人數雖多，能見其簡，在清摺內，每人皆有供招，不厭其詳，要而言之，在能簡其應簡，詳所當詳而已。作者決定採此方式，盡二三日之力，起草完畢，本案重點，在敍述案情得其體要，至援引律文定罪，則甚簡單。大約處死刑者二三人，永遠監禁者四五人，餘則分別限年計監禁有差，獄成，通稟上憲，迅速得到回文，一一照擬。此為作者初出茅廬經辦第一大案，不可謂不順利，其後孫司馬因辦理此案，得膺保舉，免補本班以知府用，則更為意想不到矣。

乙、光緒三十四年由善化改館新田，楊大令到任三月，例須稟報察看地方情形，及施政要點，作者為之起草，公文中於當地民情風俗，山川形勢，農田水利，商賈懋遷等，聲敍綦詳，並以訟簡刑清，致力士習民風，有益民生事業，引為職志。此作頗與尋常不相因襲，具有蓬勃生氣。未幾，奉到層憲回批，多蒙嘉許，而藩司莊心庵方伯，初以楊大令係部選麻陽縣缺，麻陽為西路巖疆，號稱難治，不宜初膺民社之人，故界以新田小邑，俾資歷練，自得楊大令到任三月稟報，即檄回麻陽本任，蓋已視新田不足展其驥足也。

丙、宣統元年館新寧，首先辦理諮議局選舉，是為最新新政，先將文件悉心披閱，如何設立機構，如何委任人員，選舉人之積極資格如何，消極條件如何，皆了然於心，然後與吳大令相互研討，彼此意見皆趨一致，即著手進行。其最關重要之點，首為任用人員，悉取材於當地士紳，絕不參用官吏，其次為遴用初查覆查選舉資格之人選，必以公正幹練為準，尤重在覆查之人選，再次為進行一切，悉依程限，只可提前，不准落後，具此三點，本案辦理結果，初查具有選舉人資格者，約在千人左右，覆查因染有鴉片煙嗜好而被除名者，約四分之一，實得七百餘人，可謂覈實之至。厥後得知寶慶五屬，最小縣分如城步者，所得選舉人數，猶較新寧為多，其他武岡邵陽新化三州縣，或二三倍於新寧，邑人因之譁然，認為新寧削奪過甚，然吳大令主持此案，事事公開，格照定章辦理，且悉取決於在事之人，而此在事之人，皆為當地公正之士紳，其心固甚坦然。平情而論，新寧人數之少，適見其認真，其他地方人數之多，其冒濫固可知也。

在諮議局選舉調查，正當喫緊之時，復接到調查局發交各種表格，有限期填報之令，此項表格，有屬於天時地利者，有屬於人口田賦者，有屬於政制民情者，有屬於士習文風者，有屬於物產運銷者，似皆應有盡有。進行填報，或應查志書，或應查定案，或須臨時實地調查，或雖調查而無從查出，例如每年雨量若干公分公釐，人口生育養成者若干，夭折者若干，流產者若干之類，根本無此記載，可責查考。作老與吳大令計議，凡遇以上難填問題，隨意妄填，徒滋笑柄，缺略不填，亦難報命，爰定既不妄填，亦不空白辦法，祇載其不能照填之理由。幸而此一難關，竟敷衍過去，未遭駁斥，亦可見此等情況，當甚普遍，雖當局亦不能責以所難也。

顧全巨室使免訟爭之經過，新寧巨室，莫如江劉兩族，江為岷樵（忠源）先生之遺族，劉為印渠（長佑）峴莊（坤一）兩先生之遺族，兩家世為婚媾。事緣有命婦江劉氏者，生子某，亦娶於劉，為少江劉氏，江氏親族中另有一支某，與江劉氏之子為兄弟輩行，兩家住宅，分前後進而居，江某住前進，江劉氏住後進，彼此積不相能，時生口角，江劉氏之家，有江西人陳某，（在縣前街開設藥材店兼行醫）不時往來，並有扛幫江劉氏對付江某行為，江某懷恨在心，乃用紙條寫「陳某再來以姦盜論」字樣，褐貼於後進門上，江劉氏謂此揭貼，顯係敗壞伊與少江劉氏貞節，劉族之人，亦憤憤不平，主張由江劉氏出而告官。於是江劉氏具狀親到縣署，擊鼓鳴冤，吳大令收閱狀詞，審悉人情洶洶，若非慎重適當應付，勢將釀成重大事端，乃就商作者，洽定第一步辦法，毋須坐堂見江劉氏，延之在客廳分賓主坐定，告知此事，關係江劉兩族顏面，公庭相見，縣官亦無光彩，勸其勿走極端，宜先歸去，靜候批示處理。江劉氏離署後吳大令復與作者商定第二步辦法，由作老起草批示，其要點首則剖釋姦盜之姦字，不能作狹義解，列舉古來所用姦回姦慝姦滑姦伏姦宄等，皆另有其意義，不可誤認誤解，自誣自陷，以免江劉氏及其外家劉族藉口生風。次則告誡江某，仁民愛物，先從親做起，宜有敦宗睦族之誠，不應妄書揭貼，滋生事故，初次姑予申斥，如不悛改，決難寬假，以免江某再有違犯。再次則對陳某予以嚴懲，略以陳與江劉氏，非親非故，與人家事，至使尊卑不和，兄弟乖異，實為釀成本案胚胎，應即驅逐出境，以免貽害兩家。此一批示，長約三四百言，揭示於眾，頗聞傳鈔甚廣，不獨江劉兩家無有異言，各自貼服，闔縣父老士紳，亦咸認為愜於事理，當於人心。

丁、宣統二年館沅陵，五六月間，霪雨連綿，縣境山洪暴發，衝毀民房，淹沒田禾，及泥沙石子沖積毀壞田畝，面積甚廣，地方呈報災情，夏大令簽情稟報，詳款施賑，一面馳往詳細履勘，核定凡被毀房屋，每問給予修復款項若干，被災人口，旅放急賑，每戶大口若干，小口石干，死亡者每人給予殮埋費若干。至於田畝被沙石沖積毀壞者，按其毀壞程度，分別等差，給予每畝增復費若干，並豁免錢糧一年，其無伕墾復者，則永遠豁免錢糧，其僅係被水淹沒田禾，另發籽種費令其補種，豁免半年錢糧，以上各種辦法，類皆由作者參考歷辦成案，斟酌損益，認真核實，無使絲毫浮冒。發放賑款及豁免錢糧，皆按名按戶分別造具冊籍報銷，現事將兩紀，僅能記其大體，惟有一事印象最深者，即夏大令親履災區，發放賑款及踏勘被災田畝，在烈日之下，周歷達一月之久，回署之時，面目黧黑，髮長未剃，頭後髮辮，料結成餅，其劬勞可想見也。

冬間夏大令調署漵捕縣篆，殷殷表示仍請同赴漵任，作者以彼處係十年以前隨官之地，亦樂應之。某日賬房幕友胡桓孫（瑞鸞係夏大令鄉試房師胡某之子來晤，謂居停託其來問，小稅之事，（即稅契減成徵收稅款侵漁入己之謂）可行與否？作者應之曰不可，且告之曰：居停係調署優缺，當局倚界方隆，尤不應行。胡諾諾而去，作者以為必寢此事矣，不意旬日後，胡靦顏來，謂得居停同意經紀小稅之事，因稅契遺落一包在地，被人拾獲，轉入某訟棍手中，藉端敲詐鉅款，問計將安出。作者忿甚，謂之曰：不聽吾言，以至敗事，吾有何計，惟當捲舖蓋耳！胡去，即致書夏大令。辭漵浦之約，夏惶急甚，對敲詐者亟謀解決，會有成議，遂託府幕張香亭（亦任門弟子）丈來勸作者息怒，仍踐成約，且言府尊對夏本年辦理災賑，備極賢勞，尚表好感，幕中人自不必過為己甚，作者礙於情面，亦祇好勉強應允。

戊、宣統三年館漵浦，八月十九日武昌革命軍起義消息，傳至漵邑，已在八月杪，其初以為不過如去年二月廣東新軍之事，及本年三月二十九日黃花岡之役，迨九月初一日，長沙光復，亦祇接到電音，謂新軍獨立，官錢局由新軍保護，亦以為事態或不至擴大，重陽日，天高氣爽，午前夏大令尚與作者出城，至距城十餘里之某山登高，傍晚回署，接到省垣專差送來九月初一二三等日報章，內載武漢起義情形甚悉，於長沙光復，記載更為詳盡，如巡防營統領黃忠浩、長沙縣知縣沈士登（瀛）均被殺等語，尤為可怖。自後風聲日緊，謠諑紛傳，有謂沅陵縣知縣瞿楚生自縊者，夏大令益惶恐無措，一日午後，夏夫人來晤作者，見面即下跪，嚎陶大哭曰：「我老爺要自盡，他親老子幼，如何死得，請師爺勸他，千萬不可尋死」。作者用言慰之去，旋往晤夏大令，語之曰：日來謠言多不足信，即如瞿楚生自縊事，難免捏造，因沅陵係辰州府附郭首縣，如沅浚知縣出事，辰州府豈能獨全，今只傳瞿楚生如何如何，而於辰州府知府，獨無所傳，顯見事有不確，且西路府廳州縣數十，除沅陵外，皆朱見有何傳說，君儘可靜以待之，勿信謠言。此一席話，夏大令不曾作何表示，而其意志活動則甚顯然。既而證實沅陵之事全屬子虛，而辰沅永靖兵備道（即鐵筸道）朱蒓鄉（益濬）觀察，且通令所屬，申明保境安民，意在與省垣相抗，夏大令又為之氣壯。在此抵抗之形態下，紛傳溆邑鄰境之武岡州匪徒，因寶慶府已宣佈所屬歸附省垣，揚言將聯合溆邑土匪約期起事響應，人心惶惶，於是縣署又馳稟鎮筸道，請兵星馳鎮壓，作者以道署刑幕為同門許泳六（振崑）兄，加函申託，幸而鎮兵適時趕到，地方亂萌，賴以遏止。直延至十一月半後，傳布孫中山先生就任中華民國臨時大總統於南京，改用陽歷，鎮筸方面，始宣布解除兵柄，和平卸職而去，於是全省歸於統一，夏大令亦即剪去髮辮，與地方紳民相見。

己、民國元年在夏大令尚未卸任前仍館溆浦，溆邑地處湘西，接近貴州，栽種烟苗，（即罌粟）成為積習，利之所在，禁令雖嚴，種者自若，當去年播種之時，官廳出示嚴禁種烟，一面責成地方團保，曉諭民間，切實奉行，若有違犯，報官剷除治罪，此項文告，不啻三令五申，無如人民趨利，置若罔聞，地方團保，亦不能盡責報官。本年三月，正當煙苗楊花結實，可望收漿之際，省憲委員二人到縣查勘，遇有煙苗，即予剷除，此二委員，均係湘省籍貫，（忘其姓名）英年任事，銳氣甚盛，到縣之日，查知縣城附近雖無煙苗，稍遠地帶，仍有栽種，當會同縣官前往施剷，首在距城十餘里地面，見有煙苗，即行發令剷除，詎遠近民眾，得知官委蒞縣，聚眾多人，圍觀如堵，迨見差役人等動手剷苗，群起吆喝，即有暴徒數人上前，將二委兇毆倒地，登時斃命，夏大令因人數眾多，無法彈壓，亦幸該暴徒等兇毆二委斃命後，未再向其逞兇，立即馳同縣署，面無人色，首先與作者商定設法解散群眾，免再滋生事端，然後將二委屍身為之棺殮，一面責成當地士紳及團保人等，交出兇犯，聽侯懲辦，一面電呈層憲，自請處分。其後省委羅某（忘其名）為溆浦縣知事，在未到任之前，地方已交出兇犯二三人，（不記確數）由夏大令訊取口供，有待擬辦。至對二委身後，既為之開會追悼，又就地籌集鉅款，作為地方致送賻儀，贍其家屬，一切情形，均隨時電呈層憲，迨四月間羅知事到任，除將兇犯移交外，關於二委身後事宜，大體均已處理就緒，二委靈柩，另待家屬領運回籍安葬。此一嚴重之鉅案結果，層憲未加責難，家屬亦無異言，竟可平穩渡過，不生意外，亦云幸矣。然使當時不設法解散群眾，而任其烏合，及事後不責成地方交兇，而自行票差緝拿，則事件之擴大，牽累之眾多，誠難逆料，若不將二委身後事宜妥為布置，則省憲及家屬亦未必不事疵求，是皆由於官紳之間，能和諧合作，故可化大事為小事，變嚴重於和緩也。

十二、結　論

以上第一節緒言，第二節以下至第九節，均分敘刑錢之體要，第十節雖標目為幕賓故事，要以屬刑錢為多，第十一節敘本人從事刑錢經過，分學幕就幕兩部分，而就幕部分，又以甲乙丙丁戊己六項，為分年之紀事，文字篇幅，幾佔本作之半，而刑錢之事業，亦可由此各項中得其大概。本節之結論，請得進而抒寫其制度得失之意見。凡一切事業之興，莫不從需要而生，無需要即無興起可能，斯為正確之定理。清代刑錢建制，普及全國，其為迫於需要，顯無可疑。何以有此需要，追本溯源，實由地方行政主官，尤其州縣親民之官，在科舉盛行時代，皆以制藝帖括取士，士不經科舉，即無從進身，當未入仕之時，士之所務，類祗制藝帖括，而於管理人民之政治，多未究心，至於國家之法律，更無從研討，雖其後廢八股改策論，士之學業不無改進，而於國家法律之隔閡，仍如出一轍，一旦身膺民社，日與人民接觸，即日與法律為緣，既未習之於平時，自難應付於臨事，由是非求助於夙有鑽研之人不可，而刑錢幕賓，遂成為饑渴之於食飲，寒暑之於裘葛，而不可離矣。主官之需要既若此，加以中國自古號為仕國，志學之士，競趨於仕，仕之途徑，既甚有限，盡人而趨，勢有所窮，而在行政官署幕賓中，能拓此刑錢幕席，凡懷才不遇或不得志於場屋者，皆有所傾向，以間接發展其抱負，亦時有由此途徑以飛黃騰達者，是無仕之名，而有仕之實，無異為農夫開隴畝，為商賈闢市場，實關人才消納問題，此有裨於政治一也。凡人能自見其過而自訟者鮮矣。尤其為主官者，大權在握，禍福由己，威力所加，耳不聞忠直之言，目只見阿諛之色，縱有謙抑之懷，容忍之量，積習所狃，久而久之，其不予智自雄者，大不易覯，何況本無修養者乎。今因需要刑錢之故，隆其儀文，厚其聘幣，務使不致成為惟我獨尊，正足表示撝謙態度，其意義之大，寧有過此，惟其有此雅度，即遇庸碌之夫，亦將奮發有為，期能報稱，矧在志節之士，其能忽此禮數，而不職思其居乎。仲虺之誥曰，能自得師者王，謂人莫己若者亡。主官奪重刑錢，正符能自得師之旨，雖刑錢能稱共任與否，另一問題，其用心要為可取，此有裨於政治二也。是二者係從利益方面觀察，其流弊方面，亦不容諱，凡事不求有功，但期無過，只擔遲延，不擔錯誤之觀念，中於人心，工於彌縫，巧於趨避，妙於抑揚之一種技術，見於文字，政治上墨守成規，蹈常襲故，務為推托諉卸，而發揚蹈厲勇猛精進生氣，為之削弱，即有一二欲反其道，思所矯正，而積重難返，牢不可破，此失於保守一也。學幕必有師承，凡負重名而居津要者，即為學幕所歸，結果廣收門徒，分佈官署，成為當然之趨勢，而門徒中又復各自收徒，遞相傳授，因之幕中耆宿，不獨門徒眾多，即再傳三傳弟子，亦復繁衍，更由此演成派系之分，門戶之見，黨同伐異，互張聲勢，貽世人以口實，甚至來風憲之糾彈，此失於擴張二也。二者所關，端在群體，即就個人而言，末流所屆，操術未必能精，植品亦難取信，然而薰蕕不辨，濫竽充數者，大有其人，又以見輿論臺評，風斯下矣，是亦其失也。綜上所言，今則時移世異，無論得失，均已無補當前。自維逾八之年，去日苦多，溯洄往事，原始要終，猶深腦際，同此身世，已無多人，前事不忘，古有明訓，筆之於書，聊資省覽。幕府制度，古今中外，皆所重視，清代刑錢，雖非成文建制，一言以蔽，弊少利多。優點所歸，無關本體，而在精誠，迹其功用，能使主官奪賢重士，屈己從人，亦能使幕客激發熱情，銳志任事，（此為作者親身之經驗，亦人類之常情，當為究心政治者所公認，非個人之私言。）二者交相為用，故能相與有成，臻於隆盛。狂瞽之見，是否有當，並時賢達，不吝教益，幸何如之。